L'INTERPRÉTATION DES DESSINS D'ENFANTS

Daniel Widlöcher
Médecin Assistant des Hôpitaux de Paris

L'interprétation des dessins d'enfants

Quinzième édition

© Pierre Mardaga, éditeur
Hayen 11 - B-4140 Sprimont
D-2002-0024-31

Introduction

Regardons un enfant dessiner. Il s'est assis devant la table, il a observé attentivement tous les crayons avant de choisir l'un d'eux, il s'est assuré qu'il était correctement taillé; il va entreprendre son dessin. Parfois, il a déjà annoncé le sujet, mais souvent, il n'en sait rien avant l'instant où, brusquement, d'une main ferme sans hésiter, il trace le premier trait. Plusieurs lignes vont être assemblées sans que nous puissions deviner ce qu'elles représentent. L'adulte camperait d'abord une silhouette évocatrice de son motif, l'enfant procède comme s'il appliquait sur le papier un schéma graphique, un modèle dont il connaît à l'avance l'effet figuratif, et de proche en proche nous livre ainsi un système de signes que nous identifions progressivement : une maison, un arbre, une voiture. Par contre, l'agencement de ces objets dans un espace homogène et réaliste est hésitant. L'espace n'est figuré que par un minimum d'artifices afin, seulement, que les objets s'articulent entre eux — sans trop d'arbitraire. L'enfant nous livre ainsi ce que lui-même se plaît à regarder dans ses livres : l'image riche de sens, que l'on peut lire sans effort et sur laquelle on peut rêver indéfiniment. Nous voyons pourquoi l'espace importe peu, il n'est là que pour servir de cadre aux êtres et aux choses qui seront les protagonistes de la scène. Comme l'image qui illustre le livre, ou l'affiche qui évoque le slogan publicitaire, le dessin d'enfant raconte une histoire en la figurant par un ensemble de signes imagés.

L'enfant qui dessine nous intéresse. Nous le regardons faire, nous nous amusons quelques instants à admirer le résultat, nous le faisons parler sur son œuvre. D'où vient cet intérêt que nous portons à une activité qui paraît si banale ? Nous pouvons supposer que ce dessin, nous le ferions aussi bien que lui sinon mieux. Nous commettons là une double erreur. Si les dessins d'enfants sont l'objet de notre curiosité, c'est parce qu'il n'existe pas de dessins d'adulte. L'adulte, quand il n'est pas un artiste, ne dessine pas. Son activité graphique est réduite à quelques essais de portrait en caricature, et à des griffonnages non figuratifs. Comme pour le jeu, il s'agit d'une activité qui dépérit avec l'âge et qui révèle chez l'enfant un type de conduite qui lui appartient en propre. Nous pensons que nous dessinerions comme l'enfant si nous le voulions, mais le fait est que nous ne le voulons pas.

L'autre erreur consiste à penser que son style n'a de particulier que ses imperfections et que nous pourrions, à condition de ne pas nous appliquer, l'imiter aisément. En réalité, le style du dessin d'enfant n'est pas si facilement imitable. Car il n'exprime pas simplement l'incapacité de l'enfant à dessiner comme l'adulte. Il est, à chaque étape de l'évolution des aptitudes intellectuelles, perceptives et motrices de l'enfant, un juste compromis entre ses intentions narratives et ses moyens. Il s'agit donc d'un champ d'études original de la psychologie de l'enfant.

Il faut remarquer que les premières études ne remontent guère avant le début de ce siècle. Auparavant, seuls semblaient retenir l'attention les cas de jeunes artistes peintres, comme le jeune Frédéric van de Kerkhove, sur lequel Adolf Siret publia une étude en 1876. Il s'agissait d'un enfant qui avait peint des paysages entre huit et dix ans. Le père, graveur, entreprit la reproduction de ces œuvres en eaux-fortes. L'enfant mourut à l'âge de onze ans et on discuta fort l'authenticité de cette production juvénile.

Mais de telles œuvres n'ont rien à voir avec le dessin d'enfant et nous ne disposons d'aucun document littéraire ou artistique du passé qui puisse témoigner d'un intérêt quelconque porté aux productions plastiques habituelles des enfants. On peut d'ailleurs se demander si de telles productions existaient, car les pigments et les supports coûtaient cher, et l'histoire serait à faire des rapports entre la diffusion du crayon et du papier d'une part, et le développement de l'activité plastique de l'enfant. En somme, le dessin d'enfant est tributaire des moyens d'expression dont l'enfant dispose. Le style a déjà évolué depuis le développement des peintures à l'eau, et l'usage récent des crayons-feutres semble également avoir une influence. A une époque guère lointaine, où l'enfant ne disposait pour tout instrument que des cailloux et pour tout support que du sable ou de la poussière, il ne réalisait vraisemblablement que des graffiti. Ceux-ci rapidement détruits ne pouvaient intéresser l'adulte, ni même l'enfant. On peut donc avancer que le dessin d'enfant est un produit de notre civilisation industrielle.

Mais d'autres facteurs ont contribué à développer l'intérêt des adultes; dans une culture où l'image sous toutes ses formes prend une place de plus en plus importante, et où les moyens «audio-visuels» d'information se substituent au texte écrit ou parlé, l'étude théorique et pratique de ces nouveaux systèmes de communication s'applique tout naturellement au dessin. Nous verrons l'intérêt d'établir une sémiologie de l'image, tentative d'autant plus légitime que nous tendrons à traiter les images comme un système d'information plutôt que comme un système de représentation. Mais il est aussi vraisemblable que si nous sommes entrés, pour reprendre l'expression de René Huyghe, dans une civilisation de l'image, nous le devons également aux moyens matériels de représentation et de reproduction. Ce que nous observons à propos des activités plastiques des enfants n'est en somme qu'un des aspects d'un phénomène plus général.

Il faut ajouter que l'apparition de l'«art enfantin» coïncide avec un regain de considération pour les créations de l'enfance. Après Rousseau, durant les deux derniers siècles, s'est développée l'idée d'un monde propre à l'enfant. Ses activités ne seraient pas le reflet de son incapacité à se comporter comme un adulte, mais bien l'expression d'une forme originale de pensée et d'une organisation particulière de la sensibilité, qui seraient appelées à se transformer pour donner naissance à la personnalité de l'adulte. D'où un intérêt sans cesse accru pour ses manières de voir et de penser, qui tout naturellement devraient se retrouver dans ses créations plastiques.

Nous ne reprendrons pas ici l'histoire des recherches et des publications concernant les dessins d'enfant. En 1950, Pierre Naville publiait, dans un numéro spécial de la revue *Enfance* consacré au dessin, les éléments d'une bibliographie critique[1]. Il y faisait une recension de tous les travaux déjà publiés. Georges Rioux[2], dans sa thèse, a présenté une revue historique très documentée. Enfin, Renée Stora a repris cette recherche en complétant la recension bibliographique de Naville[3].

De ces études, nous pouvons au moins retenir deux conclusions. La première concerne la diversité des orientations prises. Si les premiers ouvrages, entre 1880 et 1900, s'appliquent à l'ensemble du sujet, la plupart des publications ultérieures portent sur un problème particulier. Si l'on veut malgré tout dégager quelques grandes lignes de cette évolution, on doit noter l'influence qu'exercèrent successivement l'évolutionnisme, la psychologie de la perception, l'étude de la motricité et la psychanalyse. L'évolutionnisme inspira l'essentiel des recherches de l'école allemande qui, sous l'impulsion du pédagogue bavarois Kerschensteiner puis de l'anthropologue saxon Lamprecht, se développa à Munich et à Leipzig. Ces recherches se basaient sur les hypothèses de Spencer pour qui le développement de l'individu obéit à des lois analogues à celles qui président au développement de l'espèce. La comparaison entre les dessins d'enfant et ceux des primitifs découle de cette théorie. Elle eut aussi un retentissement dans d'autres pays : aux États-Unis avec Stanley Hall, en France avec Luquet, en Angleterre avec Baldwin, en Belgique avec Rouma. Luquet mérite une mention spéciale, car son œuvre, dont l'essentiel se trouve dans le livre *Le dessin enfantin*[4], reflète parfaitement cette tendance. En outre, on peut la tenir pour une contribution désormais classique, indispensable à toute étude critique du dessin, en raison de la qualité de ses observations dont les résultats restent pour la plupart indiscutables.

La psychologie de la forme devait apporter une orientation nouvelle. Pour tous ceux qui considèrent en effet que la perception n'est pas le résultat des impressions sensorielles sur un appareil psychique, en soi passif, mais qu'il s'agit d'une conduite originale qui découpe l'univers extérieur selon des lois spécifiques, l'étude du dessin apportait un matériel privilégié pour observer la maturation de cette fonction. Mettant davantage l'accent sur les fonctions motrices et leur coordination avec les données visuelles et kinesthésiques, Wallon et ses élèves devaient donner en France aux recherches sur le dessin une impulsion remarquable. Enfin, les psychanalystes d'enfant ont également contribué à orienter les recherches dans un sens nouveau.

La deuxième remarque que nous pouvons faire concerne la multiplicité des travaux. Dans sa recension, P. Naville cite 404 articles et livres pour une période s'étendant de 1880 à 1949. En 1962, Renée Stora, pour la période écoulée entre 1950 et 1960, ajoute plus de 400 nouvelles références ! On mesure ainsi le développement considérable des recherches sur le dessin durant ces quinze dernières années. Il faudrait également mentionner les films, les expositions, et le développement des activités plastiques éducatives dans les jardins d'enfants et les écoles maternelles.

Si le dessin intéresse le psychologue, le psychiatre, l'esthéticien, le sociologue, il fascine d'une manière plus générale l'adulte d'aujourd'hui.

Aux raisons qui ont été envisagées plus haut, il faut ajouter que la psychologie de l'enfant est devenue pour tout adulte un sujet d'intérêt, non dans un souci de connaissance, mais parce qu'elle concerne un problème de communication. Pour mieux connaître l'enfant, on peut certes s'adresser à des livres ou écouter des conférences qui nous en donneront un portrait objectif que l'on pourra étudier à travers nos enfants, mais une telle manière de faire s'avère rapidement insuffisante et dangereuse. Pour mieux connaître l'enfant, il faut aussi savoir l'écouter et lui parler. Ce problème du dialogue de l'adulte et de l'enfant s'est trouvé posé dès que l'adulte ne s'est plus cru autorisé à penser qu'il lui suffisait de parler en adulte à un futur adulte pour remplir son rôle d'éducateur. Certes, nous devons parler en adulte, mais sans oublier que nous nous adressons à un enfant doté d'une personnalité originale et non à un embryon d'adulte. Or, il n'est pas facile de s'adresser à un enfant de notre place d'adulte, nous risquons d'oublier que nous sommes adultes en nous exposant à singer l'enfant et à bêtifier, ou à l'inverse, nous oublions que nous nous adressons à un enfant. D'où la curiosité de l'adulte pour toutes les expressions de l'enfant qui pourraient lui livrer une partie de cet univers infantile, qui fut le nôtre, mais dont nous ne pouvons plus ou dont nous ne voulons plus nous souvenir.

Quand l'enfant nous parle, nous sentons qu'il cherche à parler notre langue, à se plier à notre logique. Tâche utile, mais qui s'accomplit au détriment d'une partie de sa créativité. Et quand il se laisse aller à son propre langage, c'est nous qui avons la plus grande peine à faire abstraction de notre logique d'adulte pour saisir l'exacte portée de son discours.

Quand l'enfant joue, nous pouvons certes «entrer» dans son jeu et le considérer avec sérieux, mais comme ces jeux impliquent qu'il se projette dans une situation d'adulte pour y réaliser symboliquement ses fantasmes, nous sommes dans l'impossibilité de ne pas interpréter ces comportements d'anticipation en fonction de notre position réelle d'adulte.

Le dessin occupe une position intermédiaire. Comme le jeu, il exprime une authentique vision du monde propre à l'enfant, mais l'image qu'il nous en donne nous paraît plus accessible à notre regard d'adulte. Car si le jeu nous a quittés, l'image ne cesse de nous fasciner et nous retrouvons vraisemblablement devant elle l'émerveillement et la suggestibilité de l'enfant. C'est parce que nous sommes sans défense devant l'image que nous trouvons dans le dessin une ouverture plus facile au monde de l'enfant.

Mais s'il ne s'agissait que de voir le dessin, et de retrouver devant lui l'ingénuité d'un regard que nous n'avons jamais complètement perdu, la curiosité de l'adulte se tournerait naturellement vers les dessins eux-mêmes et non vers les livres qui en parlent. Les parents qui nous présentent les dessins de leurs enfants ne nous les donnent pas à voir, ils nous demandent de les interpréter, comme si, malgré le charme archaïque qu'exerce sur eux l'image, il se serait développé en eux une relative cécité et qu'il leur faudrait pour y remédier, l'aide d'un quelconque devin.

Interpréter signifie expliquer un sens obscur ou caché et le traduire dans un registre plus aisément compréhensible. L'interprétation du dessin suppose donc que nous puissions transcrire dans le registre verbal un sens qui serait déjà présent dans l'image. Interpréter, c'est traduire. Mais quand les parents nous demandent de leur interpréter le dessin de leur enfant, ils désirent que nous puissions leur révéler un sens qui leur échappe. Le contenu manifeste du dessin, les objets qu'il figure, la scène qu'il évoque, les sentiments que celle-ci suscite ne les intéressent guère. Ils attendent qu'on leur dévoile autre chose.

Ainsi, du désir de communiquer avec l'enfant, c'est-à-dire de voir avec des yeux simples l'image qu'il nous livre, ils glissent insensiblement au désir de le percer à jour au-delà même de ce qu'il peut exprimer de lui. À travers l'interprétation du dessin, l'adulte souhaite retrouver une partie de son pouvoir perdu et échapper à la nécessité d'un véritable dialogue.

En cédant à cette tentation, l'adulte, en fait, obéit à une tendance de l'esprit qui ne nous quitte guère : découvrir à travers le sens manifeste d'un message un sens second qu'une clef nous permet de saisir avec autant d'aisance et dans une compréhensibilité aussi immédiate que celle du sens premier. Cette démarche de l'esprit que ne satisfont plus l'occultisme ni les prophéties, la «science fiction», le goût de la psychanalyse, l'intérêt pour le déchiffrage des symboles dans les domaines les plus divers en répondent. L'interprétation du dessin prolonge celle du rêve, nous en cherchons la clef, et faute d'avoir un prophète ou un devin, nous trouvons un psychanalyste. Mais nous serons moins difficiles pour notre enfant que pour nous-mêmes. Ceux qui dispensent à travers les hebdomadaires tests et horoscopes savent que celui qui désire qu'on le devine ne tolère en définitive que des interprétations qui ne blessent pas trop l'image qu'il se fait de lui-même. Il semble que pour l'enfant, les parents soient plus tolérants ! Or, le lecteur qui cherchera ici une pareille clef risque fort d'être déçu.

Interpréter un dessin, c'est d'abord savoir le lire et le transcrire verbalement. Pour cela, il faut évidemment tenir compte des objets figurés et de leurs relations; il convient aussi de noter les particularités stylistiques qui impriment à la scène représentée son accent particulier, son «intonation». Jusqu'ici, l'interprétation ne nécessite qu'une simplicité d'esprit qui nous fait renoncer à un savoir ou à des préjugés pour s'en tenir à ce que le dessin exprime de plus manifeste. Déjà, l'usage des particularités stylistiques (la couleur, la ligne, la forme des objets) nous révèle davantage que ce que l'enfant a conscience de figurer. Quant à l'interprétation symbolique du dessin, qui, par exemple, nous fait voir derrière le scaphandrier explorant le fond de la mer et l'explorateur au milieu de la jungle la même figure, elle nous mène au cœur même du problème de l'interprétation et de la fonction de la pensée symbolique chez l'enfant. Elle introduit également le problème de l'interprétation psychanalytique et des rapports du dessin et de l'inconscient. Ici, véritablement, l'interprétation porte sur un sens caché du dessin. Mais, en étudiant comment il nous est possible d'accéder à un tel registre de significations, nous verrons que cela suppose, non la connaissance d'un code, mais une aptitude à obtenir de l'enfant des associations de pensée, des répétitions de dessin, qui nous permettent de trouver dans ce contexte comment éclairer le document que nous étudions. Ce dialogue avec l'enfant, dont nous espérions être dispensés par l'interprétation du dessin, nous le retrouvons comme condition nécessaire à cette interprétation même.

Nous souhaitons, en somme, apprendre une langue étrangère grâce à un bon dictionnaire et on nous montre que seul l'usage de la langue et la lecture des textes nous permettra d'y accéder.

En traitant de l'interprétation du dessin, ce ne sont pas des clefs que l'on trouvera, mais une méthode et une discipline. Une méthode, car nous verrons que si l'étude du dessin ne nous livre pas le chiffre de ses mystères, elle nous offre une compréhension de la nature même de l'acte de dessiner qui nous guidera dans sa lecture. Une discipline, car l'étude patiente et attentive des dires de l'enfant, avant et après le dessin, de son comportement pendant qu'il dessine, des autres dessins qui ont précédé ou suivront celui que nous étudions seront les conditions nécessaires pour une intelligence du document. Nécessaires mais insuffisantes, car il s'agit aussi de savoir pour qui il dessine, ce que nous représentons au moment où il nous fait un dessin. Ceci suppose, dans les situations professionnelles où le dessin lui est demandé, une connaissance approfondie de la relation qui s'établit entre l'enfant et le psychologue, l'éducateur ou le psychothérapeute. Et si le dessin est exécuté dans le cadre familial, sa portée aura une tout autre dimension selon la qualité de la relation qu'il établit avec l'adulte qui l'observe.

Mais toute l'étude de l'interprétation du dessin suppose auparavant que nous sachions dans quelle mesure intervient le degré de maturation perceptive, visuelle et intellectuelle, sur le choix des formes et des thèmes. C'est seulement après avoir étudié le développement du geste graphique, et dans un second temps précisé comment le dessin, avant d'être une reproduction des données de la perception est, chez l'enfant, un système d'écriture, que nous pourrons aborder le problème de l'interprétation.

Nous nous efforcerons d'analyser ce message en étudiant sa valeur expressive liée aux gestes et aux particularités graphiques, sa valeur projective liée à l'attitude perceptive, à la vision du monde qu'elle sous-tend, sa valeur narrative liée au thème même qu'il relate. Jusque-là, l'interprétation consiste en une exploration attentive de signes manifestes. L'interprétation symbolique qui la complète nous permettra de distinguer les allégories conscientes, voulues par l'enfant et qui sont rares, les allégories implicites dont il n'a pas une conscience claire tellement elles participent de son monde imaginaire (signification anthropomorphique des animaux par exemple) et enfin les allégories inconscientes qui nous mèneront à l'étude psychanalytique du dessin.

Celle-ci consiste à appliquer au dessin d'enfant les techniques d'interprétation qui paraissent si fructueuses en d'autres domaines, l'étude du rêve par exemple. Nous verrons que cette application est également pleine d'intérêt à condition qu'on ne dissocie pas le dessin de l'ensemble des productions psychiques du patient soumis à une psychothérapie psychanalytique. Le dessin, pas plus que le rêve, ne peut être interprété hors de son contexte. Mais ceci ne nous empêchera pas de remarquer que le dessin d'enfant constitue, par sa nature et sa fonction, un champ d'expression de l'inconscient assez privilégié. Nous essayerons d'en préciser les raisons.

Enfin, nous pourrons aborder les usages pratiques d'une telle méthode, tant dans l'éducation, dans l'exploration psychologique que dans la psychothérapie de l'enfant. Mais nous découvrirons là beaucoup plus les obscurités et les difficultés de l'interprétation que ses applications immédiates. Le vieux rêve de tenir un langage cabalistique sera une fois de plus déçu.

En définitive, le dessin chez l'enfant, comme toute autre forme d'expression humaine, révèle ses richesses à celui qui sait adopter une attitude naïve et prudente. Il faudra prendre le dessin pour ce qu'il est, une image, et rien qu'une image, mais en même temps savoir que cette image est un mode d'écriture complexe dont seule l'analyse rigoureuse nous livrera l'étendue de son pouvoir de signification. Il faudra considérer l'enfant qui dessine dans ce qu'il prétend faire : nous raconter une histoire, et rien qu'une histoire, mais aussi reconnaître dans cette intention les multiples voies dont il use pour exprimer à l'autre le cheminement de ses désirs, de ses conflits et de ses craintes.

NOTES

[1] Pierre Naville, Éléments d'une bibliographie critique relative au graphisme enfantin jusqu'en 1949, *Enfance*, 1950, n°s 3-4, p. 310-403.
[2] Georges Rioux, *Dessin et structure mentale — Contribution à l'étude psycho-sociale des milieux nord-africains*, PUF, 1951.
[3] Renée Stora, Étude historique sur le dessin comme moyen d'investigation psychologique, *Bulletin de Psychologie*, 225, XVII-2-7, 30 novembre 1963, p. 266-307.
[4] G.H. Luquet, *Le dessin enfantin*, Alcan, 1927-1935.

Chapitre 1
Style et évolution du dessin

LE STYLE DES DESSINS

Les dessins d'enfant sont aisément reconnaissables. On ne risque guère de les confondre avec d'autres expressions plastiques. Si certains peintres modernes ont fait des tableaux qui peuvent, à un examen tout superficiel, susciter un doute, il s'agit d'un emprunt délibéré au style de l'enfant. C'est un reflet parmi d'autres de l'influence qu'exercent sur l'art moderne les expressions primitives de l'art. L'enfant, lui, ne cherche nullement à imiter les productions artistiques des adultes. Son intention est tout autre. On trouverait déjà de plus grandes ressemblances avec l'art populaire. Les deux ont en commun l'imperfection des moyens et le souci narratif et descriptif. L'imperfection des moyens, car l'artisan ou le peintre amateur, ignorants de la technique du peintre, ont à peu près les mêmes capacités que l'enfant de douze ans. Aussi, il n'y a rien d'étonnant à ce que nous retrouvions des erreurs de perspective, de configuration des personnages, etc. Quant à l'intention narrative et descriptive, elle est indiscutable lorsqu'il s'agit d'un art populaire véritable, dont les productions sont destinées à des fins utilitaires (enseignes, publicité, ex-voto, récits peints). On pourrait penser que, malgré tout, interviennent dans l'art populaire des éléments qui ne s'observent pas chez l'enfant : l'habileté motrice, le réalisme «visuel». En réalité, ils jouent peu et il est frappant, lorsqu'on observe le développement historique d'un style d'art populaire, de constater le conservatisme extrême des formes. Le sanctuaire «della Madonna del Monte» à Cesena, en Romagne, possède une incomparable collection d'ex-voto, peints par des artisans locaux. Ces petits tableaux sur bois, peints à l'huile, de taille voisine, sont fabriqués et conservés depuis le XVe siècle. Leur ancienneté[1], le fait qu'ils aient été peints dans une région où les arts plastiques ont connu, du XVe au XVIIIe siècle, un développement considérable, devraient nous faire voir une évolution sensible du style de tableaux qui représentent toujours les mêmes scènes : accidents de la voie publique ou de la mer, captivité, épidémies. Or, il n'en est rien et le style populaire paraît très éloigné, dans la plupart des tableaux, du style pictural de l'époque. Ceci s'explique vraisemblablement par l'importance du souci narratif qui donne à l'expression riche et vivante le pas sur les moyens. Moins exacte est la comparaison avec l'art naïf qui se veut imitation de l'art tout court, et où l'amateur adopte les intentions esthétiques de l'artiste de métier sans en avoir la technique. L'art naïf joue des moyens ou de leur absence pour créer des effets qui lui sont propres. L'art populaire, au contraire, reste fidèle aux effets narratifs qui règlent ses applications pratiques en dépit de moyens insuffisants. Et nous voyons ici la grande analogie entre l'art populaire et le dessin. La seule différence entre les deux vient, pensons-nous, du conformisme de l'artisan engagé dans un travail rémunéré et l'esprit de fantaisie auquel n'échappe pas l'enfant, impliqué seulement dans un jeu.

Quant aux rapports entre le style de l'enfant et celui des «primitifs», c'est là un débat qui a perdu à peu près toute signification. Il avait été un thème central dans les premiers travaux sur les dessins d'enfant. Ce n'était d'ailleurs qu'une des conséquences de la loi de développement, qui voulait que l'être humain récapitule dans son développement, l'ordre du développement des espèces. D'où les analogies constamment recherchées entre l'enfant et le sauvage. Kerschensteiner, le grand pédagogue de Munich qui devait consacrer une grande part de ses recherches et de son enseignement au dessin, se fit l'avocat de cette conception. Elle fut reprise par Lamprecht de Leipzig qui, au Séminaire d'histoire de la civilisation de l'Université, dirigea, à partir de 1904, une vaste enquête sur les dessins d'enfant pour les comparer avec les productions artistiques de l'humanité préhistorique (cité par Rioux). Cette thèse a été reprise par Luquet[2] et, plus récemment encore, par Gesell[3]. Or, on peut sans exagérer affirmer maintenant que cette thèse est inexacte. Les anthropologistes nous ont montré que le concept de primitif n'avait que peu de sens, car nous confondons sous ce terme de vastes collectivités humaines observées à un moment donné de leur évolution, et de petits groupes actuels d'individus, isolés, souvent condamnés à survivre dans des conditions défavorables. Du point de vue psychologique, dès sa naissance, l'enfant se développe au sein d'une culture qui le marque profondément. L'influence des images qui l'environnent, du langage dont il dispose ne peut être sous-estimée. Enfin, au plan même du dessin et de son style, l'identité entre les styles primitifs repose sur une connaissance très imparfaite de ceux-ci. Il existe en effet des arts primitifs très dissemblables. On trouve à cet égard une brève mais pertinente démonstration des erreurs de la théorie de Luquet dans le livre de D.H. Kahnweiler consacré à Juan Gris[4]. Simplement, une partie des expressions plastiques que nous rangeons sous le vocable d'art primitif, était vraisemblablement produite à des fins utilitaires et exécutée par des artisans d'habileté moyenne; en cela, elle s'apparente à l'art populaire.

Un intéressant problème posé par le style du dessin de l'enfant est celui de ses rapports avec l'art ambiant. Malheureusement, nous ne possédons à ce sujet aucun document historique et il est évidemment très regrettable que nous n'ayons aucune idée de la manière dont aurait dessiné un enfant du siècle d'Auguste, ou du Moyen Âge gothique. Ce que nous savons de l'art populaire doit nous laisser penser que les différences auraient été beaucoup moins importantes que celles qui marquent les grands styles correspondants. D'ailleurs, une telle étude serait d'autant plus impossible que le style de l'enfant est vraisemblablement très dépendant des moyens dont il dispose et que ce que nous concevons sous le terme de dessin et de peinture d'enfant est autant un produit de notre civilisation moderne qu'un témoin de l'âme enfantine. La seule entreprise qui aurait été virtuellement nécessaire mais pratiquement irréalisable, est l'étude comparative des graffiti d'enfant.

Peut-on au moins procéder à une étude comparative avec des populations actuelles, différentes de notre milieu culturel ? Un instituteur français, Probst, a étudié les dessins dans une population d'enfants kabyles et ses conclusions, publiées en 1907, soulignaient l'originalité des dessins kabyles par rapport aux dessins d'enfants européens. Georges Rioux a récemment repris cette étude sur des bases méthodologiques plus rigoureuses, et ses conclusions sont assez négatives. «Notre étude en milieux nord-africains nous a permis de découvrir chez les Européens et chez les Musulmans une évolution identique des caractéristiques psychiques du graphisme enfantin, selon les phases déterminées par les grands classiques du dessin et aussi de constater une égale réceptivité à l'influence de l'actualité.» Il y aurait certes quelques particularités formelles, mais qui constituent un emprunt aux formes décoratives ambiantes, sans impliquer des particularités plus profondes de la perception de l'espace graphique.

Ces conclusions ne doivent guère nous étonner, quand on sait à quel point les images produites par notre civilisation occidentale sont diffusées sur tout le globe. Même dans des populations assez isolées d'Afrique, dès que le journal, l'affiche, font leur apparition, on les retrouve copiés aussitôt par l'enfant.

Ceci est conforme au fait que l'enfant cherche à reproduire les formes dessinées plutôt qu'à transcrire ce qu'il voit.

Il y a donc un style du dessin d'enfant. Nous ne savons pas dans quelle mesure il dépend de notre style décoratif et représentatif propre à notre culture. Vraisemblablement, s'il s'en inspire, il tire ses caractéristiques essentielles de particularités psychologiques et des moyens matériels mis à la disposition de l'enfant.

Peut-on préciser la nature de ce style ? Luquet a cherché à le faire en le plaçant sous le signe du réalisme. L'enfant ne s'attache pas à la reproduction des formes pour elles-mêmes, il ne considère que leur pouvoir de signifier un objet absent. C'est là peut-être la plus grande différence entre le dessin d'enfant et l'art plastique. Dans toute recherche plastique, la forme n'est jamais exécutée sans qu'il soit pris un certain plaisir à son simple aspect visuel, le souci narratif est toujours secondaire, sinon dans l'intention du moins dans l'exécution. Chez l'enfant, il n'en est rien. De l'image, la valeur plastique disparaît, seule demeure sa valeur «signifiante».

Aussi l'enfant, compte tenu de ses moyens, cherche toujours à rendre le réel. Son souci de l'observation, son goût du détail, ses commentaires, tout montre la tendance réaliste. Et Luquet donne ici au terme de réalisme le sens qu'il possède dans l'histoire de l'Art. L'art enfantin serait réaliste comme celui d'un Van Eyck, d'un Chardin ou d'un Courbet. Comment expliquer alors la distance qui marque l'écart entre le dessin d'enfant et l'art réaliste ? Essentiellement, par une insuffisance de moyens. Luquet est donc amené à distinguer dans l'évolution du dessin une série de phrases toutes caractérisées par un mode particulier de réalisme : première phrase, celle du réalisme fortuit : «pour l'enfant, au début, le dessin n'est pas un tracé exécuté pour faire une image, mais un tracé exécuté simplement pour tracer des lignes.» L'identité entre une forme ainsi produite et celle d'un objet ne peut être que l'effet d'un hasard. Cette découverte, l'enfant ne l'oubliera pas, il va chercher à la reproduire, à renouveler l'expérience, mais, bien entendu, ces tentatives se solderont par de nombreux échecs, qui, malgré tout, auront tendance à diminuer par rapport aux réussites, en raison d'un phénomène d'apprentissage. C'est la phase du réalisme manqué.

À mesure que les réussites deviennent plus nombreuses, un style original s'élabore, marqué par le réalisme intellectuel. Les choses sont représentées en fonction non de ce que l'enfant voit, mais de ce qu'il sait d'elles : «l'enfant vise délibérément et sans doute consciemment à reproduire de l'objet représenté non seulement ce qu'on en peut voir, mais tout ce qui "y est" et à donner à chacun de ses éléments la forme exemplaire.» Puis l'enfant, à l'instar de l'adulte, soumet davantage son dessin à ce qu'il voit, c'est la phase de réalisme visuel dont la manifestation principale est la soumission plus ou moins maladroite dans l'exécution, à la perspective. «L'enfant a, dès lors, en ce qui concerne le dessin, atteint la période adulte; seule l'habileté technique, développée par une culture spéciale, établit à ce point de vue les différences entre les individus...»

Cette schématisation du développement du dessin a marqué plus ou moins tous les travaux ultérieurs. Elle correspond en effet à des données objectives. Toutefois, les critiques n'ont pas manqué à l'égard de la terminologie de Luquet et de ce qu'elle impliquait comme préconceptions théoriques.

Lorsque Luquet nous montre que le style général des dessins d'enfant est marqué par le réalisme, il prétend utiliser le terme dans un sens général : l'enfant ne s'intéresse pas aux valeurs formelles en elles-mêmes, mais à leur pouvoir de représenter, de signifier. Après avoir vu comment il décrivait l'évolution de ce souci réaliste, nous pouvons remarquer qu'il accorde à ce terme un autre sens. Il identifie le réalisme au réalisme visuel et considère les stades qui le précèdent comme des stades préparatoires. Or, quand on parle de réalisme visuel, on envisage un rapport entre la représentation de l'objet et la vue qu'on en peut saisir. L'enfant s'acheminerait en fonction de ses capacités vers un stade où il définirait la représentation d'un objet par celle que lui permet la perception brute de l'objet. La difficulté pour Luquet est d'expliquer le passage du réalisme intellectuel au réalisme visuel, ou, mieux, d'expliquer pourquoi l'enfant est obligé de passer par le réalisme intellectuel avant d'atteindre le réalisme visuel de l'adulte.

Si le style des dessins de l'enfant nous frappe par son originalité et une marque d'ensemble qui le distingue de toute autre forme d'expression plastique, ce n'est certes pas comme essai laborieux et voué à l'échec, de figurer les choses à la manière de l'adulte.

Le meilleur de la thèse de Luquet est d'avoir mis l'accent sur la notion de réalisme. Son erreur fut, peut-être, en raison d'un point de vue un peu étroit sur l'histoire de l'Art, d'identifier sans discussion le réalisme psychologique de l'enfant au réalisme visuel des peintres. Le réalisme de l'enfant est marqué par son souci de signifier et s'oppose à tout souci de se servir des formes pour leur beauté propre. Mais pour signifier, l'enfant se sert de registres très différents de ceux du réalisme visuel. À chaque instant, les schèmes graphiques dont il dispose en fonction de ses aptitudes motrices et de ses possibilités d'orientation spatiale, constituent un vocabulaire qui lui permet de figurer le réel. Le figurer, c'est-à-dire trouver dans le schème graphique une certaine analogie avec ce qu'il perçoit de l'objet. Au lieu de privilégier un point de vue subjectiviste comme dans le réalisme visuel, où les choses doivent toutes être figurées à partir d'un point de vue unique dans un espace homogène, il se sert de tout point de vue qui pourra légitimer les schèmes dont il dispose. C'est cet accord entre les choses et les schèmes, cette nécessité de points de vue particuliers qui donne au style enfantin son originalité.

Ainsi, le style enfantin dépend étroitement de la maturation des appareils perceptifs et moteurs. Le style renvoie nécessairement à l'évolution. Il n'y a pas de compréhension approfondie du style sans connaissance approfondie de l'évolution.

L'ÉVOLUTION DU DESSIN

Nombreuses sont les classifications par stades qui ont été proposées pour rendre compte de l'évolution du dessin. Toutes sont vraisemblables et d'ailleurs fort voisines. Le schéma de Luquet est peut-être dans ses termes marqué de préjugés théoriques. Nous distinguerons cependant avec lui, en modifiant la terminologie, une *phase de gribouillage* où l'enfant s'exerce avec joie à tracer des formes sur une surface sans chercher à leur donner une signification, une *phase de réalisme enfantin*, correspondant à la période de réalisme intellectuel, apogée du dessin enfantin, pour reprendre le terme de Luquet, et une *phase de réalisme visuel*, où l'enfant subordonne la figuration des objets à un point de vue unique. Ces trois phases sont séparées par des mutations que nous essayerons d'analyser : *début de la figuration, début de l'intention représentative, abandon du réalisme enfantin, déclin du dessin d'enfant*. Enfin, au cours de chaque phase, le développement même des aptitudes graphiques mérite d'être analysé.

Le début de l'expression graphique

Reprenons, après beaucoup, les phrases magistrales de Wallon extraites du préambule qu'il écrivit pour le numéro spécial de la revue *Enfance* (octobre 1950) consacré au dessin d'enfant : «À ses origines, a-t-on pu dire, le dessin est une simple conséquence du geste. C'est le geste laissant la trace de sa trajectoire sur une surface capable de l'enregistrer. Mais il y a bien des niveaux dans ces rapports du geste et de sa trace. Ils ne doivent pas être unilatéraux. Il ne peut y avoir origine du dessin que si la trace, ou le tracé, devient le motif du geste, alors même qu'elle aurait commencé par être fortuite. Il doit y avoir un choc en retour de l'effet sur sa cause. L'effet doit devenir cause à son tour.»

Au début, il y a en somme la rencontre fortuite d'un geste et d'une surface qui l'enregistre. L'enfant prend conscience de la relation de cause à effet entre son geste et la trace laissée. Il souhaite la reproduire. Tout d'abord, il est incapable de renouveler son geste et ce sera pour lui un plaisir de découvrir après coup les inventions qu'à son insu sa gesticulation encore mal contrôlée réalise. Mais à mesure que son contrôle moteur se perfectionne, il recherche systématiquement la reproduction d'une forme déterminée.

Comment survient cette rencontre du geste et de la surface qui l'enregistre ? Temps inaugural du dessin, elle a été l'objet d'une étude de Pierre Naville dans ce même numéro d'*Enfance*[5]. *A priori*, de nombreuses surfaces peuvent enregistrer le geste spontané de l'enfant. Toute surface qui est tangente à la sphère d'extension des organes corporels en mouvement peut en tenir lieu, on peut les figurer comme tangentes à la surface d'une sphère dont les rayons sont grossièrement représentés par les bras et les jambes. Le sable ou la poussière que l'enfant gratte avec son pied ou sa main, le mur qu'il macule, en sont souvent les premiers prototypes. Mais ici intervient un phénomène dont Naville souligne toute l'importance : il est rare que le geste s'inscrive directement sur la surface, il faut pour cela des propriétés particulières de cette surface rarement rencontrées (mur où la griffe se grave facilement, sol poussiéreux ou sablonneux). En général, l'inscription nécessite la présence d'un médiateur qui permet la constitution d'une trace. Quand nous envisageons les débuts du dessin, nous considérons que le crayon en est l'instrument naturel. Or, cet instrument, lié à notre culture, combine à la fois les fonctions du style et celles de la tache. Par le geste, il opère à la manière de toute pointe qui grave, à l'instar du burin ou du ciseau. Mais il laisse une trace, dépôt de matière fait d'une mince pellicule de graphite.

Ceci nous amène à distinguer à l'origine le maniement du «style» et le dépôt de la «trace». Comme l'écrit Naville, «tous les observateurs ont considéré implicitement l'enfant à qui l'on met un crayon entre les mains comme le prototype du scripteur, sans se demander si ce petit scripteur improvisé n'était pas le fruit d'un développement antérieur qui méritât examen». Il y aurait une préhistoire du dessin qui préparerait cette rencontre du crayon (et de la main malhabile qui le tient) avec la feuille de papier. Avant ce moment, conditionné par la culture et qui inaugure l'âge du dessin, l'enfant, de multiples manières, produit des traces. Pour cela, il suffit qu'il dispose d'un élément graveur (la main ou tout objet qui en prolonge l'action), d'une substance qui assure la pérennité de la trace et d'une surface qui reçoit l'empreinte.

La substance peut manquer et la griffe suffit à laisser une trace, mais celle-ci est alors labile et peu visible. L'enfant s'intéresse surtout à des traces plus durables. Car ce qui le séduit particulièrement, c'est la pérennité de la trace graphique. Elle s'oppose en cela à la trace sonore qui, par nature, s'évanouit aussitôt (sauf si on procède à son enregistrement, ce qui n'est pas sans captiver l'enfant et l'adulte). Cette persistance de la trace graphique est donc source de jubilation. C'est «le premier produit qui affirme devant le petit être humain une réalité propre, détachée de lui, un "double". L'enfant paraît absorbé dans son œuvre graphique justement parce qu'elle s'est détachée de lui, tandis que la production sonore, inséparable de l'acte producteur immédiat, ne "l'absorbe" pas mais l'exprime totalement.»

De même que l'enfant, dans le deuxième semestre de son existence, s'amuse des effets vocaux que provoque la mise en mouvement de sa musculature laryngo-buccale, il s'intéresse à ce que l'auteur qualifie de «jasis graphique», c'est-à-dire l'expression ludique, désordonnée, du geste manuel. À ce stade, le problème de la tache domine celui du «style» inscripteur. Si l'enfant était laissé libre de ses jeux, nous le verrions manipuler avec joie toute substance susceptible avec l'aide de ses doigts de laisser une trace, qu'il s'agisse de ses matières fécales, de l'eau ou de toute autre matière pâteuse ou liquide dont l'usage conviendra à cette fin.

Or, «les parents ou les compagnons de l'enfant ont tendance à écarter de lui tout ce qui lui ferait faire des saletés, tacher, se montrer malpropre». Ce n'est que beaucoup plus tard qu'on autorisera l'enfant à user de la peinture, vers 7 ou 8 ans, mais auparavant, il aura fallu qu'il renonce à ce moyen direct d'expression pour s'adapter au «style» inscripteur que constitue le crayon.

Que se passerait-il si on laissait la fonction se développer naturellement ? Il est difficile de le dire. On observe, dans les cas où une expérience limitée est possible, que l'enfant tend à étendre de plus en plus la tache, il se jette «dans un barbouillage effréné, sans limite... Son intérêt pour les taches "étendues" finit par rejoindre son goût pour le barbotage, pour l'immersion». Ce comportement est, à notre avis, induit par son caractère de libération, en réaction à l'éducation de la propreté que l'enfant subit habituellement. Il n'est pas sûr que si cette activité était de manière permanente autorisée, elle ne se disciplinerait pas et permettrait un type d'expression plastique original. Peut-être aussi l'enfant s'en désintéresserait naturellement au profit d'une activité graphique d'un type linéaire plus conforme à un souci d'expressivité. Il semble en tout cas que le goût de la couleur n'intervient pas ici, car l'enfant éprouve le même plaisir devant des taches de couleur neutre (gris ou bruns) que devant des taches colorées. Existe-t-il enfin un rapport entre ce plaisir de la trace et l'intérêt que porte l'enfant à ses matières excrémentielles, sur quoi les travaux psychanalytiques ont mis l'accent ? Plus précocement, on peut se demander s'il n'existe pas aussi un lien entre la manipulation des produits alimentaires et l'activité graphique. «Après tout, tenir en main un bâton de chocolat ou une cuillerée de soupe, ou un croûton de pain, les remuer, sucer, ingurgiter, etc., sont des attitudes qui ont bien des points communs avec celles du barbouillage graphique.» Ainsi, à l'origine, la trace est l'expression des fonctions de la vie végétative les plus primitives. Avec l'intérêt prévalant porté à la fonction excrémentielle (stade anal), ce lien entre les fonctions organiques et la trace se resserre. La fonction expressive du trait est non seulement précédée par la fonction de la trace, mais celle-ci s'inscrit dans les déterminismes les plus élémentaires de la vie instinctuelle.

Remarquons toutefois que le moment déterminant est celui où l'enfant découvre un lien entre le geste et la persistance de la trace, qui confère à l'acte une portée différente de l'activité du barbouillage.

Laissons donc les spéculations sur le développement d'une activité plastique qui ne serait pas influencée par l'usage du «style» inscripteur.

Celui-ci est imposé à l'enfant, et va ajouter à la trace une dimension nouvelle, celle du trait. Selon sa nature, la forme du trait sera d'ailleurs différente et un apprentissage graphique basé sur le pinceau suivrait d'autres lois que celles déterminées par l'usage du crayon. Il y aurait sans doute un intérêt accru pour le remplissage au détriment du cerne.

Aussi, toutes les observations qui ont été faites sur la manipulation du crayon et l'évolution des lignes, relèvent non seulement du développement psychomoteur, mais également de la nature de l'instrument utilisé.

Ce qui confère à toute étude sur l'activité graphique une part de relativité.

Au demeurant, ce qui reste le moment originaire du dessin, c'est celui où l'enfant reconnaît entre la trace et son geste un lien causal et entreprend le long apprentissage qui, parallèlement au développement moteur, l'amènera à discipliner son geste.

Le stade du gribouillage

L'enfant, à un an, s'intéresse aux lignes qu'il trace et cherche à les reproduire. Le contrôle progressif de cette activité, sans intention représentative, constitue la phase du gribouillage ou griffonnage, celle que Luquet décrit sous le nom de réalisme fortuit.

Le griffonnage, selon l'expression de Prudhommeau[6], est «un mouvement oscillant, puis tournant, déterminé à l'origine par un geste en flexion qui lui donne le sens centripète, opposé aux aiguilles d'une montre. C'est la constatation de l'effet produit qui entretient l'action, stimule l'acte et fait se répéter le geste...». Le premier geste graphique de l'enfant est donc un geste oscillant provoqué par la flexion de l'avant-bras, le poignet maintenu en rectitude. La ligne tracée se rapproche du scripteur, venant de la droite vers la gauche (pour le droitier). Quand l'enfant relâche son geste, un mouvement contraire se produit en extension : une ligne inverse se dessine de gauche à droite, s'éloignant du scripteur vers le haut. Les deux lignes dessinent grossièrement une ovoïde dont le rebord supérieur, correspondant au geste en flexion, est appuyé, tandis que le rebord inférieur, correspondant au geste en extension, est à peine dessiné. Le même geste peut aboutir à une forme circulaire, de mieux en mieux arrondie, ou à une accumulation de traits parallèles obliques ou verticaux. Souvent, le geste en flexion assure d'abord un trait oblique qui accentue sa verticalité en fin de course.

L'enfant qui contrôle mieux le geste tend à supprimer le mouvement de retour (en extension) et accumule les traits obliques de droite à gauche et de haut en bas, qui ont tendance à se verticaliser progressivement. On voit à ce stade combien le geste graphique dépend de l'axe corporel[7].

À mesure que la motricité du segment distal (main — avant-bras) devient plus autonome de l'axe médian, le contrôle de ce premier tracé se développe. L'enfant supprime d'abord totalement le tracé de retour en abduction, et pourra accentuer l'orientation verticale de son trait. En même temps, le geste en extension dont il se libère pourra être produit indépendamment du mouvement d'adduction. Ce qui permettra le dessin d'une ligne horizontale allant de gauche à droite en s'éloignant de l'axe du scripteur. Ce contrôle du geste graphique en abduction apparaît vers dix-huit mois, deux ans. L'enfant dispose alors du trait horizontal et du trait vertical, et peut donner aux boucles une configuration régulière. Ce moment est important, car il est aussi celui où l'enfant découvre une analogie entre la ligne horizontale ondulée qu'il dessine et l'écriture qu'il perçoit sans, bien sûr, connaître ni son sens, ni ses lois d'organisation. Il essaie de l'imiter et s'amuse à développer une ligne horizontale tout le long de la feuille. Un bel exemple de ce type d'écriture est présenté dans le dessin D. Dans cette phase de griffonnage, l'enfant ne contrôle encore ni le point de départ, ni le point d'arrivée du trait. Cette seconde tâche nécessite tout un travail de contrôle et de freinage. Auparavant, l'enfant qui dessinait un trait laissait aller le mouvement jusqu'à son terme, c'est-à-dire jusqu'au moment où le bras se met dans une position inconfortable qui appelle le mouvement inverse; seule exception : il arrivait que le geste soit interrompu avant son apogée par les limites de la feuille. L'enfant apprend maintenant à arrêter volontairement son geste, d'où des lignes plus courtes, des tirets, des petites boucles, qui se substituent aux grandes lignes et aux grands oves du stade précédent. Cette technique du trait morcelé est enrichie par l'aptitude à réaliser un mouvement sur place : non seulement l'enfant peut fractionner son geste, mais il lui devient possible de repartir du point de départ pour ajouter au trait précédent un trait parallèle ou superposé. Il peut limiter l'amplitude de son geste en immobilisant les segments proximaux du bras et même de l'avant-bras, et en faisant jouer le poignet et même les doigts : le contrôle du geste est assuré non plus par le poignet rigide suivant l'ample mouvement de l'avant-bras, mais par le contrôle du pouce qui limite le mouvement du poignet. Le geste est ainsi confié au segment distal du membre supérieur. Il en résulte que la position de pivot assurée par le coude permet le retour presque automatique au point de départ : il suffit que le poignet revienne en flexion. À partir de là, vont se développer des techniques qui procèdent par accumulation de petits traits et de petites boucles, réalisant le hachurage. Liliane Lurçat vient de reprendre ces recherches[8] qu'elle avait déjà entreprises avec Henri Wallon[9]. Ce hachurage est précurseur d'un hachurage plus technique qui permettra plus tard à l'enfant de pallier l'incertitude de la forme par des corrections par petites touches, ou même selon un procédé encore plus habile de réaliser le modelé de la forme. Ici, le hachurage exprime seulement l'hésitation devant l'amplitude incontrôlée du trait continu. Il constitue une tentative pour le limiter.

Un autre facteur de progrès est le ralentissement du geste. Lorsque celui-ci mettait en mouvement l'avant-bras et le bras, le contrôle de la vitesse n'était pas possible. Quand le geste devient dépendant de la motricité distale, il perd son caractère explosif de tout ou rien. Le ralentissement est possible.

Tous ces progrès, limitation de la ligne continue, hachurage, ralentissement du geste, permettent donc le passage du trait continu, ample et incontrôlé, au trait discontinu, court ou répété, linéaire ou en boucle. Ce perfectionnement du contrôle moteur va permettre le développement du contrôle visuel.

Liliane Lurçat vient de consacrer aux connexions «œil-main» la plus grande part de son étude. À l'occasion de l'observation «longitudinale» du graphisme d'une fillette, des origines jusqu'à trois ans, elle précise que ce contrôle visuel débute tôt. Vers dix-huit mois, l'enfant est capable de mesurer son tracé et de le réaliser à l'intérieur de la feuille. Dans les mois qui suivent s'établit un contrôle d'ensemble qui porte davantage sur le geste que sur le tracé lui-même. À partir de deux ans s'introduit «une modification radicale des rapports œil-main : l'œil va d'abord suivre la main au cours de la production graphique, puis la guider».

Le premier contrôle, contrôle simple ou contrôle de départ, permet «le guidage de la main par l'œil vers un tracé déjà produit». L'enfant va pouvoir repartir d'un point délibérément choisi du tracé antérieur pour y débuter une nouvelle ligne, d'où la possibilité de tracés angulaires, de boucles tangentes les unes aux autres, d'accrochage de lignes droites en rayons autour d'une boucle. Ces nouvelles formes constituent évidemment un enrichissement important qui se produit vers le milieu de la troisième année.

L'étape suivante est caractérisée par l'apparition du «contrôle double ou contrôle de départ et d'arrivée». Non seulement l'enfant peut faire partir son trait d'un point précis, mais il peut le guider pour le faire aboutir à un autre point déterminé de l'espace. Ce temps est évidemment capital et suppose un très grand progrès dans le domaine perceptif. L'enfant peut désormais compléter un dessin et fermer une figure ouverte en traçant une ligne qui relie l'une à l'autre deux extrémités ou deux parties du tracé existant.

«Le double contrôle permet un nouvel enrichissement des formes. Des polygones, des ébauches de carré ou de triangle deviennent possibles. Les ovoïdes ou cercles non fermés peuvent être achevés. Tout est en place pour que l'enfant puisse prétendre ébaucher un dessin "figuratif"». Ultérieurement, d'autres facteurs d'intégration spatiale vont jouer. La répétition concertée de figures identiques juxtaposées, la possibilité de réaliser des formes symétriques, puis asymétriques, en sont des moments étudiés par L. Lurçat.

Il faut signaler un temps également important : celui où l'enfant peut faire partir un nouveau trait d'un endroit précis, qui ne soit pas un segment d'un tracé antérieur, mais un point déterminé de l'espace entre les lignes. Longtemps, l'enfant s'est senti plus assuré en faisant partir son nouveau trait d'une ligne déjà tracée. Par exemple, l'œil est dessiné tangent à l'ovoïde de la tête, ou la fenêtre est dessinée à partir du mur qui limite la façade de la maison. Plus tard, il peut placer l'œil ou la fenêtre à la bonne place dans l'espace blanc encadré par l'ovale ou le carré qui délimite sa figure.

Ces perfectionnements techniques relèvent d'un contrôle croissant de la motricité et d'une intégration croissante des données visuelles à ce contrôle moteur. Ils sont liés à une maturation biologique, évidemment facilitée par la répétition des exercices, mais essentiellement dépendante de conditionnements neurologiques. De véritables schèmes où jouent les facteurs moteurs et visuels se développent à mesure. Les particularités individuelles jouent également un rôle. Certains enfants, par ailleurs intellectuellement doués, peuvent présenter un grand retard dans leurs capacités graphiques. Il est difficile d'indiquer ici avec précision les âges où doivent se manifester les progrès. D'ailleurs, chaque enfant trouve son style propre, l'un gardera un goût électif pour les lignes continues, les dessins amples aux traits parfois maladroits, mais toujours affirmés; l'autre recourra plus volontiers au hachurage qui, après lui avoir permis de dissimuler ses hésitations et son inaptitude, lui facilitera la représentation de formes en mouvement. Tel autre, enfin, préférera la ligne ondulée, les boucles, les spirales, donnant à son style une certaine mollesse, mais aussi le charme de la douceur. Ce sont des particularités d'écriture, liées aux aptitudes motrices élémentaires, aux aléas rencontrés dans l'exercice de ces aptitudes, qui jouent également chez l'artiste adulte. Nous trouvons dans les propos de Wallon rapportés par Liliane Lurçat une formule qui les résume : «Le graphisme n'est pas une question de niveau, mais une question de tempérament ou d'orientation précoce ou exclusive de l'activité dans un certain sens... Le graphisme chez le peintre, c'est la subordination à des schèmes moteurs.»

Mais il n'est pas besoin d'être peintre ou dessinateur de talent pour posséder un style graphique. L'étude des griffonnages que chacun d'entre nous produit de manière presque automatique sur la marge d'une feuille, sur la nappe de papier, etc., montre que, chez tout individu, les schèmes moteurs et visuels subissent une organisation particulière où prévaut tel ou tel agencement des lignes.

Les débuts de l'intention représentative

Nous laisserons se poursuivre ce perfectionnement du geste de plus en plus docile aux intentions du dessinateur, grâce aux coordinations qu'il établit avec les données visuelles. Le progrès, très spectaculaire au cours de la troisième, de la quatrième année, n'a pas de fin, mais il devient de moins en moins manifeste. Ceci s'explique en raison de deux facteurs. D'une part, selon une loi générale du développement, les progrès deviennent beaucoup plus lents et les différences que l'on observe d'un mois à l'autre dans les dessins d'enfants de trois ans sont beaucoup plus importantes que celles notées dans le graphisme d'un enfant entre neuf et douze ans. D'autre part, l'incidence du geste graphique est reléguée au second plan par le problème de la figuration, et l'effort que l'enfant accomplit pour représenter les objets.

Cette intention représentative apparaît brusquement. Avant, l'enfant prenait plaisir à griffonner sur le papier ou sur le sol sans chercher à donner un nom à son dessin. Un jour, il nomme la forme représentée. Citons l'observation de «Claude», rapportée par Prudhommeau : «A 1 an 7 mois 20 jours, il exécute sur le parquet un de ses griffonnages habituels en déclarant qu'il dessine un "crabe". C'est là le premier dessin spontanément exécuté avec intention de représentation nettement exprimée : c'est un dessin de mémoire, suggéré par un animal auquel l'enfant, alors au bord de la mer, prêtait beaucoup d'attention.»

Ce moment n'est pas toujours aussi précoce. Il dépend de la maturité du sujet, mais aussi de l'influence de l'entourage. Il est rare en effet que l'enfant ne soit pas sollicité de dessiner un objet avant qu'il se sente capable de le faire. Si, souvent, il répond à cette suggestion par le refus, il arrive qu'il soit amené à chercher dans ses dessins une ressemblance avant même qu'il ait pu spontanément la chercher.

Cette première intention représentative est d'ailleurs presque toujours une interprétation après coup. Comme dans l'exemple de Prudhommeau, c'est après avoir dessiné un dessin que l'enfant lui donne un nom, tout heureux de trouver une analogie entre la forme produite et l'objet évoqué.

Faut-il admettre que dans ce premier dessin, jugé «figuratif», l'enfant a objectivement réalisé une forme plus évocatrice que celle qu'il avait l'habitude de produire ? C'est très douteux. Souvent, l'objet désigné est un objet qui, pour une raison ou une autre, intéresse particulièrement l'enfant. En général, il s'agit d'un objet facilement représentable : un crabe, de la fumée, une maison, un bonhomme, une bête, etc. Comment se fait-il que l'enfant choisisse ce dessin pour annoncer une intention figurative ? Longtemps avant de le faire, l'enfant savait que les images pouvaient avoir une signification. À un an environ, il s'intéresse aux premières formes colorées, il les caresse, les porte à sa bouche. Les adultes autour de lui paraissent très intéressés par elles, s'en amusent et les regardent avec intérêt. Il confond d'ailleurs l'image, le schéma, le texte imprimé. Ce qu'il pressent, c'est le pouvoir symbolique d'information que possèdent des traces dont il ne connaît pas le sens. Il découvre ainsi les analogies formelles entre certaines images et les objets qu'il connaît et qu'il voit. Vers dix-huit mois, il commence à nommer une partie ou le tout d'une image. Le rôle de l'entourage est important. Les parents lui montrent des images, lui nomment les objets d'un livre. Mais cette influence externe n'aurait aucun effet si l'enfant n'était pas prêt à saisir le lien symbolique possible entre tel objet et la tache colorée qu'il contemple. Cette aptitude à évoquer l'objet à partir de l'image semble par ailleurs spécifique de notre monde humain. L'animal paraît tout à fait incapable de saisir ce lien symbolique. Ce fait est à mettre en parallèle avec les conduites de l'animal et de l'enfant de dix mois en face du miroir. L'animal (chat ou singe par exemple), un instant captivé par l'illusion du miroir, explore le revers de la glace, cherche à la contourner, et bientôt, s'étant assuré de l'inanité de l'objet qui un instant a fait illusion, s'en détourne et s'en désintéresse. Au contraire, l'enfant reste captivé. Cette découverte de l'image virtuelle va préparer tous les développements ultérieurs de la pensée symbolique.

Mais si l'enfant, dès un an, a l'intuition de la valeur symbolique de l'image, il ne cherche pas, dans ses premiers griffonnages, à représenter les choses. L'intention ne manque peut-être pas, mais la pauvreté de ses ressources formelles lui donne un sentiment d'impuissance. Si on cherche à lui faire représenter quelque chose, il prétend qu'il ne sait pas le faire. Ses dessins sont «des dessins, c'est tout». Il ne prétend pas leur donner une signification. Le plaisir de laisser une trace lui suffit. Quel événement détermine alors le changement d'intention ? Pour Luquet, c'est la découverte d'une analogie : «Mais un jour vient où l'enfant remarque une analogie d'aspect plus ou moins vague entre un de ses tracés et quelque objet réel; il considère alors le tracé comme une représentation de l'objet...»

L'enfant, découvrant de manière fortuite la ressemblance entre la trace et l'objet, prendrait conscience du fait qu'il est, lui aussi, capable de figurer les choses.

C'est là une thèse bien discutable. Si l'enfant découvre cette ressemblance d'après des données objectives, l'adulte qui regarde ce dessin devrait également le reconnaître comme le premier dessin (ou un des premiers) représentatif. Or, il n'en est rien, ce premier dessin ne nous frappe pas particulièrement par sa ressemblance. Celle-ci est donc liée, non aux propriétés objectives de la forme, mais aux dispositions subjectives de l'enfant. En somme, la ressemblance fortuite jaillit non de la forme elle-même, mais d'une subite et nouvelle aptitude à trouver une analogie entre une forme et une donnée perceptive. Car la ressemblance que l'enfant découvre est très éloignée de celle qu'il trouve dans les images qu'on lui montre. Celle qu'il remarque dans son dessin est la conséquence de toute une évolution. Il n'a pas cherché à discipliner progressivement ses réalisations graphiques en fonction de ce qu'il percevait. Nous avons vu que l'enfant perfectionne ses matériaux graphiques indépendamment de tout souci représentatif. Cette «ressemblance» nouvelle lui apparaît parce que, progressivement, il a appris à lire les images. D'abord, ce furent les objets simples qui ont pu être identifiés. Puis, il a réussi à reconnaître des formes plus compliquées, moins schématiques. Il a aussi appris à interpréter une forme ambiguë, à tenir compte du contexte, de certains détails. Bref, il est devenu capable d'interpréter des ensembles de formes et de couleurs de plus en plus complexes.

À mesure qu'il progresse dans cette capacité, nous avons vu qu'il augmente également ses aptitudes à figurer des formes complexes, sans souci figuratif. Il arrive un moment où ces deux développements se rencontrent. C'est celui où l'enfant, capable de produire une forme suffisamment complexe, trouve dans celle-ci un schéma formel qu'il identifierait aussi dans l'image qu'on lui donnerait à voir. Le premier dessin intentionnellement figuratif de l'enfant, c'est-à-dire le premier ensemble de traits auquel l'enfant donne un sens, est celui qui correspond au moment où l'enfant est capable d'identifier l'ensemble de lignes qu'il est apte à figurer, à la forme dont il peut déchiffrer la signification. C'est la rencontre du développement d'aptitudes perceptives motrices et de ses progrès dans le déchiffrage symbolique.

Cette rencontre est donc largement déterminée par des processus de maturation (aptitudes motrices et perceptuelles) et des effets socio-culturels (usages éducatifs des images). Elle n'est donc pas fortuite, mais simplement variable selon l'incidence de ces facteurs. Par contre, l'image qui a été l'occasion de ce phénomène joue un rôle fortuit. Elle n'a souvent aucune propriété objective qui la prédispose à cette fonction.

Cette première interprétation crée chez l'enfant une vive satisfaction, mais elle n'est pas suivie nécessairement de succès identiques. L'enfant ne peut l'appliquer à d'autres dessins, car cette coïncidence entre une forme perçue et une forme réalisée ne se retrouve pas aussitôt pour les autres données de la perception et pour les autres réalisations graphiques. D'autre part, il ne peut avec succès reproduire immédiatement la même forme, en usant d'un stéréotype qui le satisfasse. Il va chercher à le reproduire, mais les schèmes reproduits seront au début assez différents. À force de le répéter, il apprend malgré tout à multiplier des reproductions qui lui paraissent réussies : au gribouillage sans signification succède un gribouillage avec intention de signification. D'ailleurs, l'enfant s'accommode bien de son échec, car le temps est encore très proche où la simple maîtrise des formes sans intention figurative suffisait à le contenter. En outre, il ignore la correction de détail. Il ne sait pas que des modifications formelles de détail suffiraient à corriger ses dessins et à les rendre ressemblants au premier. La loi du tout ou rien opère : le dessin ne signifie rien, il signifie autre chose, ou il représente ce que l'enfant souhaitait reproduire. Il vit la situation vraisemblablement à la manière dont le joueur de bridge moyen croit reconnaître dans la répartition d'une donne, une situation analogue à celle qu'il a récemment observée. Tantôt, l'intuition n'est pas confirmée, et le jeu lui apparaît sans rapport avec celui dont il se souvient. Mais s'il gagne, le plaisir de la victoire le dédommage de la déception intellectuelle. Dans certains cas, l'identité de donne est confirmée par le jeu et par la réussite, il en tirera une double satisfaction. Bref, ce que l'enfant cherche, c'est d'abord le plaisir de produire une forme, ensuite de retrouver une analogie entre cette forme et un objet, ou un dessin précédent, et enfin celui de reproduire ce dernier de manière délibérée.

C'est cette phase que Luquet décrit sous le terme de réalisme manqué : «Comme c'est fortuitement que la ressemblance s'était produite dans le tracé où l'enfant l'a aperçue, ce hasard heureux ne se renouvelle pas immédiatement, et l'enfant est obligé de reconnaître qu'il n'est encore capable que par accident de faire un tracé qui ressemble à quelque chose... Le passage de la production d'images involontaires, à l'exécution d'images préméditées se fait par l'intermédiaire de dessins en partie involontaires et en partie voulus.»

Il y aurait pour Luquet deux temps distincts : dans un premier, l'enfant essaie de représenter quelque chose, et s'il échoue, renonce à son projet; dans un deuxième temps, il tente de corriger un détail du dessin pour retrouver la ressemblance qu'il cherchait. Par exemple, il ajoutera des pattes pour accentuer la ressemblance avec un animal. Dans ce deuxième temps, l'intention réaliste est donc délibérée. L'enfant dispose d'un système de signes qui lui permet de compléter son dessin et nous sommes déjà en plein réalisme intellectuel.

Ce qui paraît ici décisif, c'est le moment où l'enfant découvre qu'il est capable, avec un système plus ou moins développé de signes, de représenter n'importe quoi, quitte à corriger cette intention première lorsqu'il échoue. Avant, il s'agit vraiment d'un réalisme fortuit, après, d'un système symbolique que, depuis Luquet, on peut appeler le réalisme intellectuel. Avant, l'enfant se sert du dessin comme nous nous servons de quelques mots d'une langue étrangère dont nous ignorons le reste. L'enfant, par le langage, a l'intuition de ce qu'est un système de signes. Il sait que, pour quelques concepts, il est capable d'en réaliser la transcription graphique en images. Mais il ignore encore la clef du système d'expression. On peut donc se demander comment il passe du réalisme fortuit au réalisme intellectuel, ou d'une intention représentative accidentelle à un système cohérent de signes.

De l'intention représentative accidentelle au réalisme intellectuel

Luquet explique ce passage par la simple accumulation des réussites; c'est par leur répétition que l'enfant acquiert une «faculté graphique totale». L'expression est heureuse, mais la description qu'il donne ici ne la légitime pas. Si l'enfant, par le jeu des répétitions, de la loi de l'effet, apprend à maîtriser une forme et peut dire : «Je sais dessiner ceci ou cela», rien ne justifie que de cette maîtrise partielle il puisse conclure qu'il sait dessiner, c'est-à-dire qu'il peut représenter n'importe quel objet.

À vrai dire, longtemps, l'enfant a l'intuition qu'il ne sait pas tout dessiner. À sept ou huit ans, si on lui demande de dessiner une bicyclette, il peut refuser. Il y a là une différence apparente avec le langage, car, très vite, l'enfant a le sentiment que son langage lui permet de tout exprimer. Ce sentiment est renforcé par le fait que l'enfant peut soit s'aider d'un geste pour désigner un objet dont il ignore le nom, soit user d'une périphrase. Ce qui n'est guère possible dans le dessin. En apparence tout au moins, car si l'enfant dessine une scène où il est question de bicyclette, il peut sous-entendre cet objet, dessiner la scène avant que la bicyclette entre en jeu, ou dessiner la partie de la scène qui ne met pas en jeu la bicyclette. C'est au cours du récit qui accompagne le dessin qu'il mentionnera le rôle de la bicyclette.

Dès que l'enfant a pris conscience de l'analogie même lointaine d'un tracé avec un objet, c'est tout un système de figuration qu'il possède. Même si ce système est réduit à quelques éléments sémantiques, l'usage qu'il en fera lui permettra, par un procédé indirect d'évocation, de figurer n'importe quelle scène. La différence entre ce que Luquet a appelé le réalisme fortuit et le réalisme intellectuel ne réside pas dans le stock partiel ou global de signes graphiques, mais bien dans le caractère fortuit ou délibéré de la représentation.

Mais le caractère fortuit ne disparaît pas par enchantement à une date déterminée. Longtemps encore, l'enfant jouera avec les formes. Soucieux de figurer un personnage, si son tracé lui paraît contraire à son projet, il cherchera soit à le corriger, soit à l'interpréter différemment. Exceptionnellemnt même, il détruira le dessin en prétextant que ça ne signifie rien. Bref, le réalisme fortuit ne constitue pas un stade précis du développement du dessin. Il aboutit insensiblement au réalisme intellectuel. Il en constitue le premier temps. L'enfant, très longtemps, acceptera de ne pas pouvoir représenter n'importe quoi, il tolérera également qu'une forme dessinée dans une certaine intention soit interprétée secondairement dans un autre sens.

Luquet, observateur attentif, le reconnaît : «... l'enfant qui a déjà appliqué une interprétation à des tracés fortuits et en a volontairement accentué la ressemblance, continuera à exécuter des tracés auxquels il n'attribue après coup aucune signification figurée. De même, alors que la phase du dessin prémédité a déjà commencé, entre les dessins voulus s'intercalent encore des tracés qui ne sont pas provoqués par une intention représentative ou même qui, après exécution, ne sont considérés que comme des simples traits dénués de signification.»

Bref, le deuxième temps du réalisme fortuit décrit par Luquet est déjà une étape du réalisme prémédité. Ce qui paraît déterminant, c'est le moment où l'enfant corrige le dessin, c'est-à-dire l'instant où l'image n'est plus considérée comme une forme globale, mais apparaît comme la juxtaposition d'un ensemble de signes, où la modification ou l'adjonction d'un signe transforme ou confirme le sens global de l'image. Or, ce moment ne peut pas être distingué de celui où l'enfant donne un nom à son dessin. Les deux phénomènes sont concomitants. En même temps que l'enfant trouve une ressemblance, il perçoit l'image comme une somme. C'est même cette perception de la forme comme ensemble de détails qui signe la reconnaissance de l'objet. Reconnaître dans une forme un crabe, c'est déjà pouvoir nommer ses pattes ou ses pinces, c'est-à-dire les détails qui en permettent l'identification. La capacité de corriger les détails, d'en ajouter, est virtuellement présente. C'est elle qui se développera dans toute la phase réaliste du dessin, celle qui inclut le réalisme intellectuel, celle que l'on peut appeler le réalisme intentionnel ou prémédité, en opposition aux stades précédents.

Le stade du réalisme enfantin : le réalisme intellectuel

Entre quatre et douze ans, le dessin d'enfant se développe selon des lois qui paraissent constantes. Elles apparaissent lorsque l'enfant use des schèmes graphiques dont il dispose dans le but de signifier la réalité extérieure.

Leur particularité est qu'elles paraissent faire peu de cas des données de la perception. On pourrait en effet supposer que l'enfant instruit de son pouvoir de représenter les objets s'efforce d'en rendre toujours plus fidèlement l'apparence visuelle. Au contraire, l'enfant ne garde de cette apparence visuelle que ce qui permet la reconnaissance de l'objet. Fidèle avant tout à son souci de signifier, il fait également usage de procédés qui vont à l'encontre du réalisme visuel. Si un détail invisible permet de faire mieux reconnaître l'objet, il sera représenté contre toute apparence. Ainsi, l'enfant n'hésite pas, dans le cadre d'une maison dont il vient de dessiner la façade, à représenter l'intérieur des pièces qui la composent, ses habitants dans leur tâche familière, les meubles, etc. Ce phénomène dit de transparence, ne mérite pas ce nom, car c'est à la fois l'intérieur et l'extérieur que l'enfant représente sans chercher à combiner logiquement ces deux représentations.

Autre particularité typique du style enfantin : la diversité des points de vue. Sur un visage représenté de face, on verra implantée une coiffure de profil; sur les deux côtés d'une rue, les maisons seront représentées avec leur façade comme si elles étaient rabattues sur le même plan que la rue. Dans un exemple cité par Luquet, un cheval dessiné de profil tire une charrette vue en plan, ses deux roues représentées latéralement comme si elles étaient posées sur le sol. Bref, la diversité des points de vue non seulement n'est pas évitée, mais paraît dans certains cas systématiquement utilisée.

Également très important est l'usage du détail exemplaire. Pour figurer les cheveux, l'enfant se contentera de dresser sur la tête des traits verticaux; de même, une juxtaposition de traits verts représentera une prairie, etc.

Ce qui caractérise ce style, c'est donc le schématisme des représentations. L'objet est figuré de la manière dont il peut être reconnu, mais, notons-le bien, cette loi ne transgresse pas celle de la ressemblance par la forme. Si l'enfant dessine un objet invisible, la forme qu'il lui prête est celle que l'objet aurait si on pouvait le voir.

Enfin, l'enfant n'hésite pas à inscrire des légendes, mais il ne confond pas l'expression par l'image et l'expression verbale.

On pourrait s'étendre longuement sur les particularités formelles de ce style, il y sera fait référence tout au long de cet ouvrage.

Essayons plutôt de préciser les raisons qui l'ont fait naître, ou, en d'autres termes, à quelles lois psychologiques l'enfant obéit quand il l'utilise.

Luquet s'est efforcé de légitimer le réalisme intellectuel par les aptitudes perceptives et intellectuelles de l'enfant : «La perspective enfantine, dont nous venons de passer en revue les diverses manifestations, s'explique par la combinaison de l'intention réaliste, qui domine tout le dessin enfantin, et du sens synthétique...»

L'intention réaliste le conduirait bien au réalisme visuel, mais le sens synthétique est tellement absolu que l'enfant ne sait pas disjoindre ce qu'il voit de ce qu'il sait. En effet, la synthèse visuelle qui correspond au réalisme du même nom «est bien plutôt une abstraction, puisqu'elle retranche de l'objet, dans la représentation qu'en donne le dessin, tout ce qu'on n'en peut pas voir». Nous verrons ultérieurement que le dessin de l'enfant dépend certes de sa perception des choses, mais que celle-ci dépend à son tour de son style. L'hypothèse de Luquet nous heurte donc en ce qu'elle justifie une hypothèse par une autre hypothèse. Le réalisme enfantin est-il un véritable réalisme ? Et que peut être un réalisme qui n'est pas subordonné à la perception ?

En réalité, c'est le terme même de réalisme intellectuel qui mérite d'être critiqué. Le souci de l'enfant n'est pas de représenter les choses telles qu'elles sont, mais de les figurer de la manière qui nous les rend le plus aisément identifiables. Tous les artifices qu'il utilise : l'exemplarité des détails, les multiplicités de points de vue... visent à cette fin de représentativité. Il faut que l'enfant puisse se dire que l'évidence figurative de son dessin est complète. En accumulant des détails au mépris de la vraisemblance visuelle, l'enfant n'accentue pas le réalisme de son dessin, au contraire. Mais il augmente ce qu'on pourrait appeler la quantité d'informations que contient son dessin. Plus un dessin veut dire de choses, plus il intéresse l'enfant. Le dessin est donc bien l'équivalent du récit. Le langage par l'image remplace le langage par les mots, mais le souci reste le même : informer, raconter.

Quel avantage possède l'image ? Le langage a bien une efficacité pratique plus grande (nous pouvons appeler quelqu'un, donner un ordre, demander quelque chose), mais l'écriture fascine l'enfant par son caractère de trace, indice qui révèle notre présence, ou notre passage, comme l'empreinte, l'objet laissé à l'état de vestige, etc. Il s'agit d'un signe, signe de nous-même, autant que signe de l'objet représenté.

Nous développerons ultérieurement certains aspects et certaines conséquences de cette fonction sémantique de l'image. Bornons-nous à constater que tous les signes décrits après Luquet comme appartenant au stade du réalisme intellectuel jouent avant tout un rôle de communication.

Un autre aspect, tout aussi important de la finalité du dessin, est l'usage que fait l'enfant des schèmes formels et leur évolution. Nous avons vu que les formes dont dispose l'enfant se développent indépendamment de l'intentionnalité représentative du dessin.

Dans son souci de désigner les choses par un modèle indentifiable par autrui, l'enfant se sert du stock de formes dont il dispose. Ainsi se constituent des «types», selon l'expression de Luquet. Le type est «la représentation qu'un enfant déterminé donne d'un même objet ou motif à travers la succession de ses dessins...». Le type tend à se conserver. Et à chaque étape de son développement, l'enfant dispose ainsi d'un vocabulaire de formes, plus ou moins riche. En même temps, le type tend à évoluer. Le hasard peut donner du type une transcription qui paraît plus significative. Cette nouvelle forme tend à se substituer à la précédente. Le type évolue ainsi par mutations successives. À côté du hasard intervient la maturation des formes, l'enfant développe son stock de formes, il peut nuancer certaines. Par exemple, dans la figure du bonhomme, les yeux sont figurés par deux carrés de forme vaguement arrondie. À mesure qu'il contrôle le dessin du carré, il va pouvoir diversifier la forme des yeux, soit dans le sens du carré, soit dans le sens du rond. Plus tard, il maîtrisera davantage le tracé du cercle et sera capable de dessiner des formes plus ou moins ovales. Des types secondaires se diversifieront selon la forme plus ou moins allongée de l'œil.

Nous avons vu jouer, à la période du griffonnage, le rôle du contrôle moteur. Ce dernier joue encore entre quatre et douze ans un rôle important. L'enfant a l'intuition que certaines formes donnent à son type de maison un aspect plus significatif, par exemple en plaçant à côté du parallélépipède qui figure le toit, un triangle reposant sur sa base qui représente le triangle de ce toit vu de profil. Souvent, au début, l'enfant se trompe et dessine le triangle avec sa base en haut. Il s'attache à ce type car il pressent que cette forme a un rapport avec le nouveau type de maison, mais il ne le corrige qu'incidemment : l'enfant ne peut modifier son type d'après un modèle perceptuel qu'il se donnerait. Au contraire, il ne voit souvent dans les choses que ce qu'il sait transcrire. Les livres d'images lui montrent bien des dessins de toits ainsi réalisés, mais le dessin est «trop bien fait» (jeux d'ombres, limites fondues...), il ne pourra pas corriger. Ce n'est que devant un dessin schématique qu'il peut analyser son erreur.

Mais l'enfant ne regarde pas les images pour corriger ses dessins. Il ne se préoccupe pas des détails, et, en définitive, la correction de l'erreur dépend rarement d'une vérification par la vue.

Comme l'erreur indique que l'orientation du triangle est indéterminée, il y a toutes les chances pour que, dans certains dessins, le triangle soit convenablement orienté. L'enfant a brusquement conscience d'une meilleure réussite, et tend à reproduire une orientation correcte.

On voit que l'évolution du type procède non seulement par mutation, mais que c'est le succès qui tend à fixer, à conserver la mutation.

Or, ce processus se déroule tout au long des années. À chaque étape, le style du dessin enfantin reflète le conservatisme des types, et leur dynamisme évolutif. L'enfant s'efforce toujours d'intégrer ces mutations dans l'ensemble de son style. Souvent, des incongruités en résultent. Par exemple, l'enfant apprend à figurer le visage de profil, mais conserve le type antérieur pour la représentation du corps dessiné de face. La diversité des points de vue est souvent une conséquence de cette hétérogénéité des types. Un autre dynamisme opère également dans le type lui-même, indépendamment de toute mutation. D'un côté, l'enfant a tendance à le styliser, c'est-à-dire à le réduire à ses éléments les plus significatifs, à la manière du caricaturisme (Wallon); d'un autre côté, l'enfant aime enrichir son type de signes descriptifs superflus. Ce double mouvement peut s'observer dans les mêmes dessins où tel élément s'appauvrit tandis que le signe voisin s'enrichit.

Enfin, l'évolution dépend du plaisir que prend l'enfant à figurer. Un détail venu accidentellement sous son crayon ou sous son pinceau l'amuse, il cherche à le reproduire.

Tout ce mouvement qui anime l'univers des formes dépend donc du jeu de l'appareil œil-main et du souci de signifier. C'est l'équilibre toujours instable réalisé par cet ensemble de facteurs qui crée le style du «réalisme» enfantin.

L'enfant, dans son souci de maîtriser l'univers des choses, dispose de deux moyens privilégiés : le langage et l'image. Par le premier, il participe à la communauté des hommes et par une communication sans cesse accrue, sans cesse diversifiée, s'assure, dans un contexte socio-culturel donné la maîtrise intellectuelle de l'univers.

La représentation par l'image lui permet également cette maîtrise. Mais elle ne provient pas de la perception, car celle-ci dépend, comme nous le verrons, de la manière dont nous découpons l'univers objectif pour nous en donner des représentations personnelles. Celles-ci, comme l'a souligné Wallon, ne restent pas flottantes, pures fantasmagories. Elles trouvent dans le graphisme une expression qui les fixe, les rend communicables. C'est cette rencontre de l'image et de l'espace graphique qui caractérise le monde des dessins. Et l'espace graphique impose ses lois. Nos aptitudes, motrices et visuelles, à l'organiser vont avoir un rôle déterminant dans le style du dessin. C'est cette partie qui se joue dans le réalisme enfantin. Il reste à préciser comment et pourquoi l'enfant l'abandonne.

L'évolution vers le réalisme visuel

Luquet définit le réalisme visuel par la soumission à la perspective. Formulation bien imprécise quand on sait à quel point la perspective dépend des cadres historiques ou sociaux. Nous ne nous engagerons pas ici dans un débat qui nous entraînerait fort loin du dessin et que nous reprendrons brièvement à propos des rapports du dessin et de la perception. Luquet ajoute : «L'enfant a dès lors, en ce qui concerne le dessin, atteint la période adulte...»

Le fait demeure : le dessin se subordonne de plus en plus à un point de vue unique. D'une juxtaposition d'objets dans un espace abstrait et conventionnel, il devient projection d'un fragment de l'espace tel que nous pouvons le saisir par la vue.

L'explication de Luquet est simple : pour ne dessiner que ce que l'on voit, il faut savoir se dégager de toute inférence «intellectuelle» et oublier ce que l'on sait. L'enfant ne peut isoler ce point de vue. Dès qu'il le fait, grâce au progrès de ses capacités d'attention et de concentration, il renonce au synthétisme du réalisme intellectuel.

Pour Wallon[10], le débat n'est pas entre perception et savoir, mais l'évolution de la perception est contemporaine à celle du savoir. Quand je regarde un spectacle, je ne reste pas immobile, les yeux fixés sur un point déterminé de l'espace. Non seulement mes yeux balaient l'ensemble de l'espace, mais mon corps remue. Bien plus, ce que je ne peux voir, je l'imagine, et les données que j'évoque sans les voir font partie de ma perception.

Pour dessiner les choses d'un point de vue déterminé, conforme au réalisme visuel, il faut que l'enfant apprenne à les immobiliser, et à discerner chaque aspect momentané parmi tous ceux que lui donneraient volontiers ses yeux. Il faut que, derrière l'image unique et partielle, il ait conscience d'y mettre toutes les significations de l'objet. «L'image unique n'est pas le point de départ. La perception commence par multiplier les points de vue pour les besoins de l'action pratique où elle se résorbe...»

Pour saisir, dans un point de vue unique, la réalité de l'objet, il faut que l'enfant ait une claire conscience de l'identité de l'objet sous tous ses aspects.

Sous une forme très différente, les deux thèses ne sont pas si éloignées. Quand Luquet met l'accent sur un conflit entre la perception et la connaissance, Wallon souligne que c'est la perception elle-même qui évolue.

Les deux points de vue expliquent le passage au réalisme visuel en termes de maturation, perceptive ou intellectuelle.

Comme le rappelle Wallon, l'enfant copie peu d'après nature, inversement, l'adolescent n'exprime plus sa vie fantasmatique dans le dessin. L'apparition du réalisme visuel est contemporain chez l'enfant du dépérissement du dessin. Or, si le réalisme visuel correspondait à un progrès dans la représentation des choses, l'enfant devrait s'y rallier avec joie.

En réalité, l'espace que représente le réalisme visuel est d'une tout autre nature que celui dans lequel se meuvent les «objets» du réalisme intellectuel. Dans le réalisme visuel, il constitue en définitive le seul objet représenté, et les choses qu'il contient ne sont que les éléments qui le composent pour réaliser une unité indissoluble. Dans le réalisme intellectuel, l'espace est un fond sur lequel se juxtaposent les objets. Ce sont eux qui constituent les signes. L'espace conventionnel qui les inclut n'est pas l'espace réel dans lequel ils baignent, mais le cadre symbolique dont dépend la représentativité des signes. Il y a là plus qu'une différence de point de vue. C'est tout le sens du message graphique qui en dépend.

NOTES

[1] L. Novelli et M. Massaccesi, *Ex-voto del Sanctuario della Madonna del Monte di Cesena*, Forli, 1961.
[2] G.H. Luquet, *L'Art primitif*, Paris, Doin, 1939.
[3] A. Gesell, *L'enfant de 5 à 10 ans*, Paris, PUF, 1949.
[4] D.H. Kahnweiler, *Juan Gris*, Paris, Gallimard, 1946.
[5] Pierre Naville, Note sur les origines de la fonction graphique — De la tache au trait, *Enfance*, octobre 1950.
[6] M. Prudhommeau, *Le dessin de l'enfant*, PUF, 1951.
[7] L. Lurçat, Rôle de l'axe du corps dans le départ du mouvement, *Psychologie française* VI, octobre 1961.
[8] L. Lurçat, Genèse du contrôle dans l'activité graphique, *Journal de Psychologie*, n° 2, 1964.
[9] H. Wallon et L. Lurçat, Graphisme et modèle dans les dessins de l'enfant, *Journal de Psychologie*, n° 3, 1957; L. Lurçat, H. Wallon, Entretiens sur le dessin de l'enfant, *Cahiers du Groupe Françoise Minkowska*, décembre 1963.
[10] H. Wallon, *De l'Acte à la pensée*, Flammarion.

Chapitre 2
De l'image aux signes

Le dessin est fait de signes graphiques : leur caractère principal est de ressembler dans une certaine mesure aux données de la perception visuelle. Évidence qui n'est pourtant pas sans soulever d'importants problèmes. Car, dans quelle mesure le style des dessins des enfants, les mutations qu'on observe dans leur manière de représenter les choses, dépendent des particularités perceptives propres à cet âge ? Inversement, si l'enfant voit les choses comme les voit l'adulte, d'où proviennent ces particularités et ces mutations ?

DESSIN ET PERCEPTION

Il s'agit donc de s'interroger sur la perception elle-même et sur les rapports entre le geste graphique et l'acte perceptif. L'hypothèse classique, réaliste, posait une identité de fait entre la chose et l'image perçue. L'image serait le reflet naturel de l'objet et c'est la vérité même de celui-ci qui nous serait donnée par l'image. Dans l'histoire des théories de la perception, cette hypothèse n'a plus qu'une valeur historique. On doit à Epicure ses formulations les plus nettes : «Il y a entre les corps solides des images de même forme qu'eux et qui dépassent de loin en subtilité tout ce que nous percevons. Il n'est point impossible, en effet, qu'il se répande dans le milieu qui entoure les corps, des émanations de particules, ni que ce milieu présente les conditions favorables à la constitution d'enveloppes creuses et lisses, ni que les effluves parties des solides conservent par la suite, dans ce milieu, la position et l'assise qu'elles avaient dans les solides mêmes. Ces images, nous les appelons les simulacres.» (Epicure, *Lettre à Hérodote*.)

Remplaçons dans ce texte les termes «émanations de particules» par «rayons lumineux», et nous aurons corrigé ce qui peut ici paraître la marque d'une physique largement dépassée. Il reste que la théorie psychologique sous-jacente garde encore son pouvoir sur le sens commun. La conscience naïve croit volontiers que les impressions optiques provenant de l'objet font de l'image que nous nous formons une trace naturelle de cet objet. Cette théorie s'est maintenue sous des formes diverses à travers tout le courant empiriste, pour trouver après Hume, dans la psychologie de Taine, son expression moderne : la sensation que nous donne la vue de l'objet est certes liée à un ébranlement interne, distinct des phénomènes physiques qui se déploient entre l'objet et nos yeux, mais cet ébranlement interne reste dans une relation étroite de causalité avec les phénomènes physiques.

Dans le domaine de la psychologie de l'art, à cette théorie correspond celle du réalisme visuel. On connaît le mot d'Ingres : «L'art n'est jamais à un aussi haut degré de perfection que lorsqu'il ressemble si fort à la nature qu'on peut le prendre pour la nature elle-même.» Parole qui fait écho à celle de Léonard de Vinci : «Le tableau qui est le plus exactement conforme à l'objet imité est celui qui doit recevoir le plus d'éloges.» Car, s'il y a un rapport d'identité entre l'objet et l'image que nous en formons, il y aura un rapport du même ordre entre l'image mentale et l'image reproduite, celle du tableau, celle du dessin.

Dans l'hypothèse réaliste, la peinture est bien la science descriptive du réel tel qu'il s'offre à nous par le spectacle que saisissent nos yeux. L'art de la peinture devient l'art du trompe-l'œil. Selon le grand théoricien de la Renaissance, Alberti : «La fonction du peintre consiste à circonscrire et à peindre sur un panneau ou un mur donné, au moyen de lignes et de couleurs, la surface visible de toute espèce de corps, de sorte que, vu à une certaine distance et sous un certain angle, tout ce qui sera représenté apparaisse en relief et ait exactement l'apparence du corps même.»

Distinguons bien la portée d'une telle théorie dans la perspective de la psychologie de l'art du point de vue esthétique. La recherche du beau ne se réduit pas à ce souci réaliste et Anthony Blunt a bien montré dans son étude sur la théorie des arts en Italie[1] comment les grands théoriciens ont su distinguer l'opération de représentation que réalise l'art de la peinture et la recherche des formes qui préside au choix de ces représentations. Mais, en matière de psychologie de l'art, ce qui ici doit être retenu, c'est la théorie aristotélicienne selon laquelle la représentation des choses est identique dans sa nature à leur perception, et leur perception à leur réalité même.

S'il en était ainsi, les insuffisances du dessin d'enfant à nous donner l'illusion du réel seraient l'expression d'un double défaut : incapacité de bien percevoir les choses, et impossibilité de nous en donner l'exacte transcription graphique. Il n'est d'ailleurs pas possible, dans cette théorie, de distinguer l'importance respective de ces deux types de déficit. Il reste que cette conception «négative» du dessin d'enfant fut celle communément admise par les premiers observateurs.

Comme le rappelle Georges Rioux : «Cette erreur de perspective entraîne d'ailleurs les chercheurs dans une confusion qui se prolonge assez tard. En effet, ils étudiaient bien souvent "l'art enfantin"[2], accordant au mot art tantôt son sens premier d'habileté technique, tantôt celui de production esthétique, et les deux sens se retrouvent quelquefois chez le même auteur.»

Merleau Ponty avait également souligné cette théorie déficitaire du dessin d'enfant : «Le dessin de l'enfant est donc toujours défini négativement, toutes ses particularités considérées comme autant de manques»[3].

Il est vrai qu'il appliquait ce jugement à l'œuvre de Luquet. Ce qui est peut-être inexact. Car si cet auteur considère également le dessin d'enfant d'un point de vue négatif, c'est dans une perspective, malgré tout, assez différente.

Les premiers observateurs, eux, ne mettaient pas en question le préjugé réaliste de la représentation plastique. Ils interprétaient cet aspect déficitaire du dessin d'enfant, sans supposer qu'il dépend d'intentions différentes. En postulant que l'enfant vise le même but que le peintre, ces défauts ne pouvaient provenir que d'un certain nombre de manques, manque d'adresse motrice, manque d'attention, instabilité, etc.

Il est certain que ces déficits jouent un rôle, mais il n'est pas prouvé que le style des dessins d'enfant en dépende exclusivement.

D'ailleurs, la théorie de la perception qui leur sert de point de départ est extrêmement critiquable et semble une hypothèse abstraite et simpliste. Et la théorie de l'image qui en découle ne correspond pas à ce que les analyses modernes de l'image, peinte ou dessinée, nous apportent.

La théorie de la perception est abstraite, dans la mesure où elle postule que le sujet est rigoureusement passif vis-à-vis des données sensibles qui proviennent des objets. L'identité entre l'image perçue et la réalité des choses suppose que l'individu ne joue aucun rôle actif dans l'appréhension de la réalité.

Or, depuis les recherches de Brentano et de Husserl, celles en France de Binet, nous savons que la perception est avant tout un acte et que l'image qui en résulte est beaucoup plus l'effet de nos intentions et de nos attitudes que le reflet de la chose elle-même. Les travaux de Sartre[4] et de Merleau Ponty[5] nous ont depuis longtemps familiarisés avec ces thèses.

De même, la transposition de l'image vue dans celle représentée sur la surface du tableau ou du papier ne procède pas de lois géométriques simples, indépendantes des intentions du dessinateur, et du respect desquelles dépendrait seule la qualité de la reproduction.

La théorie du trompe-l'œil ou de l'illusion parfaite ne correspond pas à ce qu'effectivement signifie l'acte de peindre ou de dessiner. En réalité, l'image que nous apporte le dessin, ou le tableau, n'a que peu de rapports formels avec la projection optique de l'objet réel sur notre rétine.

On sait le rôle que joua dans une révision complète de la théorie de la perspective l'œuvre d'Erwin Panofsky[6]. L'essentiel de sa thèse se retrouve dans les écrits de ceux qui, depuis cinquante ans, ont étudié la transposition de l'espace «vrai» dans l'espace graphique. Citons quelques phrases extraites de l'introduction du livre de Madame Brion-Guerry[7] consacré à la représentation de l'espace chez Cézanne... «Il n'y a pas une perspective, mais cent perspectives, car il existe cent manières de résoudre le problème posé : suggérer, au moyen d'une surface à deux dimensions, l'espace tridimensionnel. À cette proposition, il ne peut y avoir de solution exacte : chaque système perspectif n'est qu'un compromis... Chacun de ces systèmes perspectifs vaut pour la civilisation et l'époque qui l'ont engendré, mais il ne vaut que pour elles. Aussi est-il parfaitement vain d'ériger l'un ou l'autre de ces systèmes en doctrine absolue et d'en faire un critère de valeur. La perspective albertienne est une tentative parmi d'autres.»

Certes, cette dernière a pour avantage de «permettre une systématisation et une mathématique spatiale», mais il s'agit là d'un avantage qui permet en somme de resituer l'image du tableau dans l'espace vrai et de fonder cette homogénéité des espaces sur des lois géométriques. Si, au contraire, notre souci est de donner à l'image peinte sa valeur propre d'actualité en faisant abstraction de l'espace vrai, bref si on garde à l'espace graphique son hétérogénéité radicale par rapport à notre monde perceptif, la «vérité» de la perspective d'Alberti n'est plus qu'une vérité relative et son pouvoir expressif en est d'autant diminué.

L'espace peint ou dessiné n'est pas une partie de l'espace vrai, sa fonction n'est pas de servir de trace ou d'écran au jeu des formes naturelles comme l'avançait Alberti et comme Léonard cherche à nous en persuader dans ses constructions géométriques et ses expériences d'optique, véritables défis à la «vérité» de son œuvre peinte.

Comme l'écrit René Passeron[8], «cette perspective unifiée, qui se veut purement visuelle et qui prétend faire du tableau un miroir vrai de la nature, est une convention théorique à laquelle l'œil le mieux dressé ne parviendra jamais à se soumettre rigoureusement...» «Notre œil n'est pas une simple "caméra obscura..."»

D'autres systèmes perspectifs sont possibles. Le réalisme visuel de l'enfant obéit assez rigoureusement à l'un d'eux, à savoir que «chaque objet figuré est pris dans un angle de vue qui lui est propre, isolé des autres»[9].

Ce qui est valable pour la représentation de l'espace l'est encore bien davantage pour la représentation des couleurs et des valeurs. Les contrastes de luminosité que nous observons dans la nature sont sans commune mesure avec ceux que nous pouvons réaliser sur le tableau par les contrastes de valeurs. Et pourtant, des artifices techniques nous permettent de rendre les effets de lumière ou d'ombre avec une véracité assez grande. L'usage des écrans (alternances de plages sombres et de plages claires) donne des effets de profondeur et de relief grâce à des procédés qui n'ont aucune existence réelle. Bref, à tout point de vue, l'assemblage des formes, des tons et des valeurs dans l'espace graphique donne des effets grâce à des artifices qui n'ont rien de naturel. Dans l'acte de peindre ou de dessiner, il s'agit donc bien d'autre chose que de transposer sur l'espace choisi ce que nous voyons. Il s'agit, par des procédés différents, d'obtenir des effets comparables.

L'acte de peindre est donc un acte au sens plein du terme, non seulement geste moteur, exécutant au même titre que le bras enregistreur d'un appareil, mais surtout acte créateur, se fondant sur un registre d'expressions symboliques et nullement naturelles.

Si percevoir, c'est agir sur le monde, le découper selon des lois qui tiennent compte de nos intentions et de la sujétion que nous impose notre présence corporelle dans ce même monde; si dessiner, c'est user d'un certain registre de formes pour susciter en nous un rapprochement entre l'image et une chose «vraie», le dessin de l'enfant prend une autre signification.

Il n'est plus l'expression défaillante, et risible même, selon l'expression de Sully, d'une science de la reproduction de l'espace.

Il devient à son tour un style, authentique expression d'une attitude perceptive qui lui est propre.

Luquet nous y convie en se référant à la notion de «modèle interne». Ici, l'hypothèse d'une identité entre l'objet représenté, l'objet perçu ou imaginaire, et l'objet réel est abandonnée, au profit d'un point de vue idéaliste : il y aurait identité entre l'image et la représentation mentale de l'objet. Celle-ci procéderait d'une opération intellectuelle que le sujet accomplit dans la perception du réel.

Pour Luquet, le dessin de l'enfant n'est jamais la copie de l'objet perçu. «La représentation de l'objet à dessiner, devant être traduite dans le dessin par des lignes qui s'adressent à l'œil, prend nécessairement la forme d'une image visuelle; mais cette image n'est nullement la reproduction servile de l'une quelconque des perceptions fournies au dessinateur par la vue de l'objet ou du dessin correspondant. C'est une réfraction de l'objet à dessiner à travers l'esprit de l'enfant, une reconstruction originale qui résulte d'une élaboration fort compliquée malgré sa spontanéité. Le nom de modèle interne est destiné à distinguer nettement de l'objet ou modèle proprement dit cette représentation mentale que traduit le dessin.»

Le modèle interne illustre bien ce fait que la représentation mentale des choses ne dépend pas seulement de l'objet extérieur. Le modèle interne s'interpose entre la vision pure et le dessin, «l'enfant copie non l'objet réel mais son modèle interne». Certes, Luquet n'élimine pas l'existence d'une image visuelle. Elle correspondrait à la sensation brute qui stimule l'enfant lorsqu'il perçoit l'objet. Il pourrait consentir à la reproduire, s'il n'existait chez lui une tendance à se servir de manière exclusive des schèmes formels dont il dispose.

La constitution du modèle interne dépend de plusieurs facteurs. En premier, l'exemplarité qui consiste à attribuer une valeur générale au modèle interne d'un objet individuel. Une faculté de synthèse est également nécessaire qui permet d'utiliser les éléments de plusieurs dessins particuliers.

En somme, la constitution du modèle interne «implique une activité originale de l'esprit, une élaboration inconsciente des matériaux provenant de l'expérience, à savoir les impressions visuelles fournies par l'objet réel, motif ou modèle, et conservées par la mémoire».

Cette élaboration se présente sous forme de sélection; contrairement à la chambre obscure, à l'appareil photographique qui «enregistre également tous les détails du paysage qui s'étend devant l'objectif», l'enfant établit une hiérarchie. Dans la perception et dans la mémoire, l'esprit n'est pas réduit au rôle d'un récipient inerte où se déverserait et se conserverait telle quelle l'expérience, «le donné», et Luquet ajoute : «Si, comme le dit Spinoza, un paysan, un peintre et un général, en présence d'un même paysage, n'en perçoivent pas les mêmes impressions, l'enfant devant un objet ou un dessin n'y voit pas les mêmes détails qu'un adulte; pour mieux dire, son œil les voit, mais son esprit ne les perçoit que dans la mesure où ils l'intéressent et proportionnellement à l'importance qu'il leur attribue.»

La théorie de Luquet n'est donc pas simplement négative, car ce qui s'observe chez l'enfant se voit aussi chez l'adulte. Il s'agit, en somme, de substituer à une théorie psychologique ou réaliste de la perception, une théorie psychologique, intellectualiste.

Les particularités du dessin d'enfant relèvent des particularités perceptives. Celles-ci lui sont propres en raison de la finalité du dessin. Ce qui domine chez lui, c'est le souci réaliste, qui déborde le simple cadre du réalisme visuel. L'enfant se donne des choses des représentations qui ne dépendent pas des différents aspects sous lesquels notre vue peut les saisir, mais de la connaissance qu'il en a.

Cette conception est négative, en ce sens que l'enfant obéit ici à des préoccupations qu'il abandonne par la suite et qui dépendent d'un certain manque d'habileté. Mais cette incapacité lui fait choisir un style différent de celui de l'adulte. Ce n'est pas le style qui est déficitaire, ce sont les fonctions perceptives, et c'est leur déficit qui motive le choix d'un style particulier.

La théorie de Luquet est donc bien conforme aux conceptions modernes de la psychologie de la perception : les données visuelles ne peuvent être tout à fait disjointes de l'attitude d'ensemble de l'esprit dans la situation perceptive.

Mais la théorie de Luquet est malgré cela critiquable. D'abord, après nous avoir dit que l'enfant adoptait vis-à-vis du réel une attitude comparable à celle de tout adulte et que la sélection qu'il opérait à l'égard des choses perçues, la hiérarchie qu'il établissait dans la valeur des détails, lui étaient certes particulières, mais comparables à celles qu'opéraient les adultes, l'auteur insiste sur le fait que l'intention réaliste est commune à tous et que seule son impossibilité de se soumettre aux lois de la perspective explique le recours de l'enfant au réalisme intellectuel.

C'est là accorder aux lois de la perspective une valeur absolue que nous ne leur reconnaissons plus. S'il en était ainsi, on voit mal pourquoi l'enfant se montrerait si satisfait des dessins qui s'inspirent du réalisme intellectuel. Chaque fois que le réalisme visuel serait mis en défaut, il devrait éprouver un sentiment d'échec et se désintéresser du dessin, ou par un effort accru, revenir aux données les plus brutes de l'expérience visuelle. Il n'en est rien, et l'enfant, devant son prétendu échec, se montre fort satisfait. Il faut donc admettre que son souci n'est pas de représenter la chose telle qu'il la voit, mais bien de la signifier autrement. Bref, le réalisme intellectuel ne peut être tenu pour un simple effet de l'incapacité où est l'enfant de se soumettre au réalisme visuel, il possède une intentionnalité qui lui est propre et sur laquelle nous reviendrons.

L'autre critique, plus grave, que l'on peut faire à Luquet est la conception atomistique qu'il propose du modèle interne. S'inspirant d'une psychologie associationniste, elle postule que l'image préformée serait déposée dans la mémoire et que le sujet qui dessine la reproduit.

En fait, il s'agit là d'un vocabulaire désuet plus que d'un différend théorique. En utilisant une terminologie plus moderne, nous dirions que l'enfant, comme l'adulte, pour la représentation des objets, dispose de schèmes plus ou moins stéréotypés. Ces schèmes permettent la réalisation de formes qui, inscrites dans l'espace graphique, nous apparaissent conformes, plus ou moins, à l'image que nous nous donnons des choses par la perception.

Toutefois, cette conformité, nous l'avons vu, n'est qu'une apparence, car les formes et les couleurs disposées sur la surface à peindre ou à dessiner sont assemblées selon des procédés fort différents de ce qu'une analyse de la perception nous donnerait. Ceci explique pourquoi l'enfant reste fidèle à ses schèmes. Il ne peut en effet se livrer à trop d'improvisation autour de schèmes, car il ne lui est guère possible de les corriger à partir de ce qu'il perçoit. Luquet l'avait d'ailleurs très bien observé. Les types de dessin évoluent souvent par mutations brusques, sans qu'on puisse parler véritablement de correction progressive. L'enfant utilise les schèmes perceptivo-moteurs à toutes fins utiles, et joue du registre dont il dispose pour représenter ce qu'il souhaite. Les schèmes moteurs constituent des stéréotypes que l'enfant, par l'expérience, apprend à utiliser selon les objets qu'il veut représenter. Il se contente des analogies formelles qu'il trouve dans cette correspondance jusqu'au jour où le recours à un type secondaire, à un nouveau schème, lui paraît préférable au premier.

Que ces agencements aient partie liée à certaines propriétés de la perception de l'enfant, cela est probable. Mais, inversement, le style des dessins d'enfant conditionne en quelque sorte sa perception, et ceci contribue en partie à assurer à l'enfant un sentiment de réussite.

Il s'agit là d'un phénomène d'interrelation entre propriétés perceptives et schèmes plastiques qui mérite d'être illustré.

Pour démontrer l'influence de particularités de la perception de l'enfant sur son dessin, nous suivrons, avec Merleau Ponty, l'étude de Meili[10].

L'enfant a une vision syncrétique des choses, c'est-à-dire qu'il perçoit plus facilement les formes dans leur ensemble que les détails. Lorsqu'on lui demande d'analyser ceux-ci, il peut les énumérer, mais paraît incapable de saisir leur place exacte dans la forme globale qui les inclut. Aussi, leur vue d'ensemble est inexacte, confuse. Ces particularités sont d'autant plus marquées que l'enfant est plus jeune.

Selon les formes qu'on lui présente, la perception sera exagérément syncrétique ou exagérément analytique. Si la forme est simple, il en percevra bien l'ensemble, mais négligera les détails, si elle est complexe, il accumulera les détails au détriment de la forme globale. C'est ce que l'on peut vérifier sur le dessin.

Tantôt, en effet, les contours généraux d'un objet donnent une image assez réaliste, mais les détails sont mal disposés à l'intérieur de ces contours. Au contraire, pour des formes complexes, une bicyclette par exemple, certains détails sont représentés avec soin, mais leur articulation manque de précision, et, en définitive, la forme d'ensemble est très imparfaite.

Inversement, l'exercice du dessin influe vraisemblablement sur la perception. Il est difficile de le prouver pour l'enfant car celui-ci ne peut nous communiquer son expérience perceptive. Toutefois, on peut supposer que cette expérience est identique à celle de l'adulte.

Nombreux sont les peintres et les psychologues qui ont analysé la vision du peintre et montré combien celle-ci était influencée par son activité. Voir, c'est toujours choisir dans le réel les formes qui vont servir d'axe de référence à l'ensemble du spectacle; c'est organiser, structurer, découper ce spectacle suivant des stéréotypes, des repères formels, qui dépendent de l'intérêt que nous portons aux choses et de nos capacités d'analyse.

La vision du peintre semble à cet égard originale. On a cherché à préciser en quoi elle différait de celle du commun. Or, on a remarqué que ce qui la caractérisait le mieux, ce n'était pas tant une acuité particulière à discerner les détails ou l'ensemble, mais le fait qu'à chaque instant le peintre recherchait déjà dans le spectacle de la nature l'agencement des formes, des tons et des valeurs dont il allait avoir besoin pour son tableau. Il découpe déjà ce spectacle selon des ensembles susceptibles d'être facilement rendus par le métier pictural. La multiplicité des feuilles de l'arbre qui s'agitent devant ses yeux ne le retiendra pas. Accommodant alors sa vision à l'infini, il cherchera à ne plus saisir qu'une tache colorée d'ensemble, car il sait bien qu'il ne pourra pas rendre l'individualité des feuilles. Il cherchera donc à voir, à la place des feuilles, l'image de l'arbre qu'il lui sera possible de transcrire.

De même, il cherche à voir des rapports de tons qui sont applicables sur le tableau, négligeant leur diversité. Il cherchera non le ton dominant, mais celui qui soutiendra, avec un ton voisin, un rapport simple et harmonieux. Le rouge de son toit et le vert de son arbre ne seront ni plus vrais ni plus faux que tous les autres rouges et tous les autres verts qu'une perception naïve lui permettrait de trouver dans l'arbre réel et le toit réel qu'il observe. Mais, de leur opposition, il tirera un certain effet de tension vibrante qui donnera à celui qui regarde le tableau une impression de mouvement, de relief, évoquant la vie même des choses.

Bref, le peintre apprend à trouver dans le spectacle de la nature les rapports qu'il peut rendre dans l'œuvre peinte. Les particularités de sa vision dépendent donc en partie de son style. Parallèlement à l'histoire de la peinture, il y a une histoire de la vision plastique. Celle-ci intéresse aussi le spectateur et chacun sait, selon un mot célèbre, qu'il a fallu attendre l'impressionnisme pour que nous sachions voir la présence d'un violet dans l'ombre des choses.

Ainsi, l'œuvre plastique n'est le reflet ni de la réalité objective ni même de la perception que nous nous en donnons. Elle est le produit spécifique d'une élaboration d'un type original sur une surface parfaitement conventionnelle. Cette élaboration dépend d'un maniement particulier de formes et, éventuellement, de couleurs dont le déchiffrage laisse une impression plus ou moins grande d'identité avec le donné de la perception. Celle-ci influe en partie l'élaboration de l'œuvre, mais, à son tour, dépend de ce maniement particulier des formes et des couleurs. Ce qui est vrai de toute œuvre plastique l'est donc du dessin, et particulièrement du dessin d'enfant.

DESSIN ET ÉCRITURE

Le dessin est, en définitive, un type d'écriture. C'est, en effet, une opinion assez souvent formulée de nos jours, qu'il existe un véritable langage de l'image. Mais beaucoup d'équivoques se cachent sous ce terme, on confond langage et écriture.

Certes, toute image, de l'affiche au tableau, est langage dans la mesure où nous pouvons formuler par les mots ce qu'elle représente. Mais les signes graphiques qui constituent l'image ne se réfèrent pas, par convention, à ceux de la langue. Ce qu'ils expriment, ils le signifient par eux-mêmes, et le récit ou la description à l'aide de mots, que nous en donnons, résulte d'une véritable transposition. Aucun signe de l'image ne correspond à un mot ou à un ensemble de mots précis. L'idée d'une écriture disjointe de la langue nous choque, parce que nous voyons une grande distance entre le trait qui constitue l'image et celui qui constitue le mot, ou la lettre. Nous sommes enclins à identifier écriture et écriture alphabétique, et à considérer le fait d'étendre le concept d'écriture à l'image comme un abus de langage, un usage métaphorique du mot écriture.

L'histoire de l'écriture nous rappellerait pourtant que l'étroite intrication du langage et de l'écriture n'est que le terme d'une évolution (ou son moment actuel) et, qu'au départ, l'écriture n'avait que les rapports les plus lointains avec la langue. Initialement, les signes graphiques n'ont pas plus de rapports avec la langue que l'image. «Si l'on met à part l'écriture alphabétique, au sujet de laquelle les avis divergent, la plupart des autres écritures, aztèque, proto-indienne, suméro-accadienne, égyptienne, etc., utilisent essentiellement comme signes des dessins ou des déformations de dessin. On peut dire que c'est la pictographie, c'est-à-dire la représentation concrète des objets, qui leur a fourni la plus grande partie de leur matériel»[11]. À l'exception de l'écriture alphabétique ! Et il faut reconnaître que celle-ci recouvre actuellement la presque totalité du globe et que, dans notre culture occidentale, elle existe depuis trois millénaires. Mais, historiquement, l'écriture naît d'une rencontre entre la chose dessinée et le mot. Il semble bien que la représentation des choses par leur image ait eu au départ valeur de message, de formule rituelle et qu'assez rapidement, ces images aient évolué vers une schématisation croissante. Toutefois, cette écriture par l'image ne semble pas avoir recouvert tout le champ de ce que la parole pouvait exprimer, et les hommes de la proto-histoire se bornaient par là à éveiller certaines idées ou intimer certains ordres. Bref, cette écriture n'aurait pas constitué un système régulier de notation du langage, mais plutôt une série de formules, analogues à nos signaux routiers ou aux inscriptions religieuses symboliques. Telle serait la signification des pétroglyphes, ou pierres gravées retrouvées un peu partout dans le monde.

Un stade plus avancé, et les images s'articulent entre elles en une suite cohérente, analogue aux bandes dessinées de nos journaux, que cette suite figure seulement une énumération d'objets ou de situations, ou qu'elle marque les phases successives d'un récit. On observait une telle écriture, encore récemment, chez les Indiens d'Amérique du Nord, chez les Esquimaux.

La première phase de l'annexion de l'écriture par le langage semble avoir été marquée par le passage d'une écriture synthétique, ou écriture des idées à une écriture analytique, ou écriture de mots. Comme le souligne Février, «c'est une notation et non plus une suggestion». La transposition du message écrit dans les mots de la langue ne dépend plus de la libre lecture de l'image (comme c'est encore le cas pour le dessin), mais bien d'une série de conventions. Les écritures suméro-accadiennes, égyptiennes et chinoises en constituent les illustrations les plus fameuses. Dès lors, l'histoire de l'écriture sera la progressive évolution du symbole graphique, d'abord idéogramme, c'est-à-dire symbole de mot, puis signe phonétique, symbole de la syllabe, puis de la lettre. Ainsi, «de moyen d'expression autonome, l'écriture est tombée au rang de simple substitut de la parole». Ce très bref rappel de l'histoire de l'écriture nous permet de comprendre pourquoi nous sommes enclins à confondre l'écriture et la langue, et pourquoi nous répugnons à tenir l'image pour un système d'écriture.

Il faut d'ailleurs ici distinguer des sytèmes d'écriture à portée limitée, comme le symbolisme mathématique, ou la signalisation routière, et un système de notation comme la peinture et le dessin d'enfant qui prétend être un système complet d'expression. L'image, en effet, peut signifier tout ce que les mots désignent, et nous verrons que, moyennant quelques artifices, une écriture par image est susceptible de signifier n'importe quelle pensée abstraite.

On peut considérer le système de notation par images comme un système de signes à portée universelle, apte à signifier toute chose. Encore convient-il de préciser quels éléments de l'image ont ce pouvoir de signifier.

L'image dispose de deux registres d'expression : l'un constitue son pouvoir de représenter un objet dans une situation donnée et de se constituer comme signe de cet objet et signe de la relation de cet objet à ce qui l'environne. À un deuxième niveau, l'image acquiert un pouvoir expressif, non par les objets qu'elle entend représenter, mais par le simple agencement formel.

Nous aurons l'occasion d'y revenir plus longuement, mais notons déjà que certaines lignes ou certains assemblages de couleurs peuvent avoir un pouvoir de signifier indépendamment de l'objet qu'ils représentent.

Il y a là une symbolique élémentaire de l'image, qu'il faut prendre pour une donnée de l'expérience avant même d'en chercher l'origine. Le cercle, la ligne verticale ou horizontale, la ligne brisée ont valeur de signe comme le rouge ou le bleu. Selon le mot de Gaston Diehl (cité par René Passeront) : «Tout est signe dans une toile. Et quelques taches colorées, de simples traits peuvent inclure en eux-mêmes (...) une force expressive égale à celle de la figure la plus compliquée ou la plus représentative...»

Mais nous devons nous demander s'il en est ainsi effectivement chez l'enfant. Jusqu'ici, nous avons considéré sans distinction, toutes les formes de l'expression plastique, de la peinture au dessin d'enfant, mais ici le moment est venu de marquer une différence.

L'examen des dessins d'enfants nous montre, en effet, qu'il n'existe pas chez eux de recours délibéré au pouvoir expressif de la forme. Nous n'y voyons pas d'effet de style, et ce caractère négatif constitue même l'essentiel de l'originalité de ces dessins. Une maison dessinée ne subit aucune déformation qui ferait de sa forme ou de sa masse colorée un élément qui, jouant avec d'autres formes ou d'autres taches, réaliserait des oppositions, des analogies formelles donnant à l'ensemble une unité organique. Le moindre trait de Matisse ou de Dufy, dont l'écriture a été souvent comparée à celle des enfants, apparaît en comparaison comme hautement expressif dans l'ensemble de l'œuvre. Si, parfois, l'enfant réalise dans son dessin un ensemble de formes qui «parle» et qui nous saisit par ses qualités esthétiques, il faut y voir l'effet d'un sens inné de l'équilibre des formes, qui ne représente aucunement une recherche concertée. La visée de l'enfant est la représentation la plus juste de l'objet et de certaines de ses qualités. L'organisation de l'ensemble de l'image en fonction du pouvoir «signifiant» d'éléments formels non représentatifs est en effet secondaire et aléatoire. C'est dans ce sens particulier qu'il faut entendre à notre avis ce qu'écrit Malraux[12] : «Nous sentons pourtant que, si l'enfant est souvent artiste, il n'est pas un artiste. Car son talent le possède, et lui ne le possède pas. (...) On peut tout attendre de l'art des enfants, sauf conscience et maîtrise : on passe de leurs images à la peinture comme de leurs métaphores à Baudelaire.»

En effet, dans ce jeu des formes expressives dont l'artiste se sert pour créer un effet proprement esthétique, nous trouvons l'analogue du jeu poétique, c'est-à-dire de cet agencement de sonorités et de rythmes qui, reprenant les mots dont nous nous servons habituellement, donne au discours une valeur expressive au second degré.

Cette valeur est indépendante du pouvoir de signification des mots. Elle ne repose pas sur le code de la langue, elle trouve à s'exprimer dans une élaboration toujours nouvelle, toujours originale, d'un matériel sonore qui appartient aux effets de la voix, de la respiration et qui joue sur les timbres, sur les modulations mélodiques et rythmiques de la parole et du chant. Il s'agit ici d'un langage au second degré qui ne sert pas nécessairement à renforcer le pouvoir de signification de la langue, mais à jouer de valeurs purement expressives.

Ainsi l'enfant, hormis des effets fortuits, ne se sert pas, dans son activité plastique, de formes pures. Son intention est de représenter, de signifier l'objet absent et certains de ses caractères, de la manière la plus lisible, et qui lui soit la plus facile à réaliser. Il assemble les signes graphiques pour figurer le réel et entend utiliser leur analogie formelle avec ce qu'il voit pour donner à cette figuration son pouvoir représentatif. Nous aurons en vue ici, en parlant du système de signes qui opère dans le dessin d'enfant, ce système représentatif, véritable langage par l'image, distinct de la valeur expressive des formes qui constitue le langage de l'art. Nous opposerons le signe «iconique» au signe «plastique».

Le signe iconique est le signe graphique destiné à signifier l'objet ou l'action que nous sommes appelés à déchiffrer. C'est lui qui opère dans le dessin d'enfant (comme dans tout art plastique figuratif).

Le signe plastique correspond à la valeur expressive de la ligne ou de la tache colorée dans l'organisme que constitue l'œuvre d'art. C'est une valeur spécifiquement esthétique. Il est l'objet de délectation esthétique et ne se retrouve qu'incidemment dans le dessin d'enfant.

Il va de soi qu'un signe matériel peut avoir valeur de signe iconique ou plastique, ou les deux, selon l'esprit dans lequel l'œuvre est élaborée.

Cet assemblage de signes n'est pas effet de pur hasard. L'enfant ne figurera pas une maison par un carré surmonté d'un triangle pour mettre à côté une tache verte sans limite pour figurer l'arbre. Il y a, dans tout dessin, une unité de style. Elle nous permet, par exemple, d'imaginer quelle serait la manière dont l'enfant nous représenterait un camion si nous voyions comment il figure une maison ou une montagne. Cette unité de style se retrouve d'ailleurs, pour un enfant, à une certaine époque, dans la plupart de ses dessins.

Elle suppose donc que le choix des lignes ou des couleurs dépend de certaines règles. Remarquons que, contrairement aux systèmes de signaux à fins limitées, le dessin peut servir à figurer tout le réel. L'enfant dispose là d'un système de notation généralisé. Ce système d'écriture rentre donc dans le cadre des systèmes de signes, leur étude d'ensemble devait constituer cette séméiologie générale dont le grand linguiste suisse Ferdinand de Saussure appelait la naissance. Il observait, en effet, que si la langue est un système de signes exprimant des idées, elle est par là comparable à d'autres systèmes : l'écriture, l'alphabet des sourds-muets, les rites symboliques, les formes de politesse, les signaux militaires, et nous ajouterons les dessins de l'enfant. Et il poursuivait : «On peut donc concevoir une science qui étudie la vie des signes au sein de la vie sociale; elle formerait une partie de la psychologie sociale et, par conséquent, de la psychologie générale; nous la nommerons séméiologie»[13].

Mais chaque système de signes doit posséder ses lois d'organisation propre. Il serait vain de trop chercher à les confondre. Et il serait dommage de ne pas chercher, au moins à titre d'hypothèse, les différences ou les oppositions qui nous permettraient de dégager des principes généraux. Ceux-ci constitueraient la base d'une sémiologie générale. Malheureusement, cette sémiologie générale est à peine individualisée et ce qu'il est convenu d'appeler le structuralisme est peut-être une tentative de lui donner enfin son statut.

À un niveau plus empirique, nous ne pouvons que procéder à des études comparatives entre les différents systèmes de signes.

Or, il est clair que le système constitué par la langue (parlée ou écrite) diffère par bien des points du système de signes constitué par le dessin.

Reprenons avec Saussure les principes fondamentaux qui définissent le signe linguistique. Ils sont au nombre de trois : caractère conventionnel, disposition linéaire de l'assemblage des signes, discrétion.

Caractère conventionnel du signe linguistique, c'est là une propriété qu'on ne discute guère. En effet, le mot maison, les lettres qui le composent, les phonèmes dont il est constitué ne sont liés à l'idée que nous avons de la maison par aucune ressemblance. Certes, ce principe de l'arbitraire du signe soulève quelques problèmes, celui toujours débattu de l'origine de la langue, celui des onomatopées, et enfin celui de la valeur affective de certaines sonorités. Il n'en constitue pas moins un des traits fondamentaux du langage.

Deuxième principe : celui de la linéarité du signifiant. N'oublions pas que la langue est d'abord langue parlée. Son écriture n'est qu'une transposition graphique secondaire. Or, «le signifiant, étant de nature auditive, se déroule dans le temps seul et a les caractères qu'il emprunte au temps : *a*) il représente une étendue, et *b*) cette étendue est mesurable dans une seule dimension : c'est une ligne» (Saussure, *op. cit.*).

Si j'écris ou si je prononce à haute voix : la maison est située à la droite du grand arbre, il est évident que j'introduis la présence de l'arbre après celle de la maison. Il existe donc une chaîne signifiante qui constitue la structure fondamentale de l'organisation des signes linguistiques.

Troisième principe : le signe linguistique est distinct, toujours isolable du signe qui le précède et du signe qui le suit. Dans la phrase que nous venons de citer en exemple, le signe maison est parfaitement isolable, on ne peut le modifier sans altérer son pouvoir de signification. On peut seulement lui adjoindre un autre signe qui précise son sens mais sans modifier sa forme : le signifiant maison proprement dit. Bien plus, ce qui nous permet d'identifier le signifiant maison, c'est qu'il n'est identique à aucun autre signe de la langue. On pourrait dire que ce que le mot maison signifie, c'est ce qu'aucun autre mot de la langue ne veut dire.

Il est évident que ces trois principes ne s'appliquent pas au signe «iconique», et on pourrait même l'opposer trait pour trait au signe linguistique.

Le signe dans l'image n'est pas arbitraire. Il présente un rapport de ressemblance avec l'objet perçu et évoqué. Mais ce rapport reste assez énigmatique.

La figuration de l'arbre par une ligne grossièrement circulaire, plantée sur un trait vertical, ne correspond que très imparfaitement à ce que nous voyons. Ce que le peintre apprend à voir, ce sont les schèmes graphiques ou les couleurs dont il possède l'usage. L'enfant aussi apprend à reconnaître dans l'arbre le tronc linéaire que couronne le cercle dessiné par l'ensemble des feuilles ou des branches.

De quelle nature est donc la correspondance entre l'image et ce que nous voyons ? Quel travail psychologique nous permet de retrouver dans le signe une forme que nous savons retrouver dans l'objet réel, ou que nous pressentons pouvoir y reconnaître éventuellement ?

Les analyses de Sartre dans son ouvrage sur l'imaginaire nous permettront de le préciser[4]. Le point de départ est déjà d'un grand intérêt :

l'image n'est en aucune manière un substitut de la perception. Il est même dans sa nature de poser l'objet réel comme absent et de poser l'expérience actuelle comme fondée sur cette absence.

Lorsque je regarde le dessin de l'enfant, un paysage peint ou une photographie, je sais bien que l'objet représenté, la maison par exemple, n'est pas là. En présence d'une maison réelle, je peux explorer à volonté les détails de sa façade ou les alentours, je peux chercher à y pénétrer, ou du moins à m'en rapprocher; si quelque obstacle m'en empêche, je perçois la résistance due à cet obstacle comme un élément qui participe de l'existence réelle de cette maison, qu'il s'agisse de la haie qui m'en sépare, ou du sentiment de crainte que m'inspire le propriétaire.

Bref, la conscience perceptive d'une chose est conscience de la chose comme présence, c'est-à-dire que cette conscience ne peut être disjointe de celle de tout le champ perceptif qui l'environne et de ma propre présence dans ce champ. Quand je reconnais dans une image une maison, l'expérience est toute dissemblable. Car, reconnaître une maison ne postule pas la conscience d'un univers autour de cette maison. La conscience «imageante» pose au contraire l'objet représenté comme absent. C'est la feuille sur quoi est dessinée l'image, c'est la table sur laquelle repose la feuille qui constituent les éléments de notre conscience perceptive actuelle. La maison que je reconnais dans l'image est au contraire nécessairement absente. La conscience imageante est donc radicalement différente de la conscience perceptive. «L'image est un acte qui vise, dans sa corporéité, un objet absent ou inexistant, à travers un contenu physique ou psychique qui ne se donne pas en propre, mais à titre de «représentant analogique de l'objet visé.»

Le problème n'est donc pas de déceler en quoi l'image dessinée est identique à la représentation que nous pourrions avoir, mais de préciser quels sont les éléments nécessaires et suffisants pour qu'une trace se donne à nous, non comme trace, mais comme «représentant analogique» d'autre chose. D'ailleurs, ces éléments ne sont pas constitués seulement par les propriétés matérielles de la trace, mais par la démarche corrélative de notre esprit. Il faut tenir également compte des propriétés de l'image et de l'intention qui nous anime.

Il est donc illusoire de rechercher dans l'image les signes de la présence de l'objet. Nous ne pensons pas la maison dans la trace que le dessin laisse, nous pensons la maison comme absente à l'occasion de l'examen de cette trace.

Or, ce travail de la conscience imageante suppose, devant le dessin, deux mouvements distincts. Le premier est de supposer que la trace que nous contemplons est représentative d'autre chose. Il faut que nous adoptions vis-à-vis d'elle une position *a priori*, qui nous libère d'une pure attitude perceptive. «L'intention perceptive devient imagée.»

Mais il ne suffit pas que nous sachions que ces traces sont l'image de quelque chose, il faut aussi que nous reconnaissions l'objet représenté. Ici concourent, semble-t-il, deux forces, l'une qui émane de la trace, l'autre de nous-mêmes.

Celle qui émane de la trace rejoint les données étudiées par la Gestalt-psychologie. Il existe des formes qui appellent certains modes de lecture. Dans l'illusion de Muller-Lyer, citée par Sartre (*cf.* schéma I), si nous percevons la ligne droite prolongée par deux lignes qui divergent plus longues que celle qui se trouve limitée par deux lignes qui viennent converger en son extrémité, c'est que la trace impose, par une qualité intrinsèque à sa forme, une lecture quasi obligatoire de l'image. Le mouvement de nos yeux nous paraît commandé par l'image elle-même. La figure prend un sens.

Mais d'où provient cette qualité intrinsèque à l'image ? Sartre ne cherche pas à l'expliquer et, implicitement, se réfère aux propriétés objectives de la forme que la théorie de la Gestalt-psychologie défend. Sans prétendre apporter une réponse à une telle question, remarquons que les deux lignes qui prolongent à chaque extrémité la ligne principale appellent de notre part une prolongation. Nous cherchons, sans nous en apercevoir, à compléter l'image, bref, le dynamisme de l'image est lié à une faculté prospective de notre esprit. C'est le caractère contraignant de la forme qui commande en quelque sorte une certaine lecture orientée de l'image.

Mais, plus souvent, une forme n'a pas ce pouvoir de détermination et nous pouvons la parcourir et la prolonger mentalement selon des modalités variées. Dans le dessin D, où une petite fille de quatre ans nous livre deux formes, nous pouvons soit les imaginer en plan (vues de surplomb), ou, au contraire, vues verticalement de face. L'enfant nous invite à l'une ou l'autre hypothèse en nous disant avoir dessiné en haut de la feuille une voiture et en bas une maison. Si nous imaginons que c'est le plan de la maison que l'enfant a représenté, la voiture paraît également vue par en haut. Nous n'avons besoin de faire aucun effort pour lire le dessin, mais l'interprétation de la maison nous laissera insatisfaits, car s'impose malgré nous une lecture différente, celle de la maison vue de face en élévation. À partir du moment où nous cédons à cette seconde interprétation, la ressemblance paraît plus grande. Nous cherchons alors à redresser malgré nous la forme inclinée de la maison, nous minimisons son obliquité. Mais l'image de la voiture devient plus énigmatique. En réalité, rien ne prouve que l'enfant ait cherché à faire figurer dans un même espace les deux objets, et même si, dans son esprit, les deux objets sont contigus, nous savons qu'un enfant de cet âge ne voit aucun inconvénient à représenter deux objets selon des perspectives différentes.

Mais celui qui regarde le dessin est, malgré lui, enclin à le corriger. En redressant en perspective frontale l'image de la voiture, il s'efforce de la situer derrière la maison, mais ne peut que se livrer à des hypothèses peu motivées sur sa forme et sa vraisemblance.

Nombreuses sont les formes qui ne paraissent soulever aucun problème de ce genre en raison de leur ressemblance immédiate avec l'objet signifié. Dans les dessins A ou B par exemple, les objets sont facilement identifiés et nous ne pouvons repérer aucune incertitude de lecture, nous parcourons les lignes de l'arbre, celles de la maison, selon des voies familières. Mais cette familiarité provient de la fidélité des formes à des schèmes culturels de représentation.

Nous sommes donc, à propos de la ressemblance des signes graphiques, amenés à constater les faits suivants : dans la plupart des cas, les formes utilisées correspondent à des types de représentation solidement fondés par notre héritage culturel : les images que l'enfant est habitué à voir, et qui, vraisemblablement, influencent sa perception des réalités. Lorsque le schème est très imparfaitement réalisé ou inhabituel, sa lecture nous révèle un mécanisme habituellement masqué par les automatismes de la lecture. Il s'agit d'un déchiffrage par hypothèse. Celle-ci est suggérée par quelques lignes inductrices (*cf.* le dessin D) qui évoquent à leur tour des lignes imaginaires qui viendraient compléter ou perfectionner le dessin réel, apportant par leur plausibilité la preuve que notre hypothèse était valide. Certains schèmes, par les propriétés formelles des lignes dessinées, appellent d'une manière univoque telle ou telle interprétation, d'autres, plus ouverts à des hypothèses diverses, appellent des lectures prospectives plus nombreuses qui constituent le temps psychologique du déchiffrage.

Nous voyons par là que le caractère «motivé», naturel ou symbolique du signe graphique ne va pas de soi.

Il s'agit de signes qui peuvent servir de support à une identification du dessin en fonction de ce que nous percevons par la vue, mais loin d'apparaître comme une émanation de la perception et une donnée naturelle de la présentation de l'objet, ils constituent des instruments graphiques, des schèmes que nous pourrons appliquer à la perception pour valider leur ressemblance, leur véracité.

En outre, un tel système se valide comme un tout, c'est-à-dire que nous ne pouvons appliquer à une forme un certain travail de décodage sans généraliser ce décodage à toutes les formes du même dessin. Si nous substituons à la maison du dessin A celle du dessin D, elle nous paraîtrait non seulement insolite, mais introduirait une rupture dans la cohérence du discours écrit, car son identification comme maison résulterait d'une analyse différente de celle qui nous fait identifier l'arbre ou la route. Et l'exemple serait plus net encore si c'était la voiture du dessin D que nous substituions au taxi du dessin A.

Concluons : le système graphique que représente le dessin pour l'enfant n'est pas conventionnel, il s'appuie sur des formes que l'enfant apprend à utiliser en fonction de ses capacités perceptives et motrices, et en fonction des images qu'il apprend à identifier. Mais, à chaque instant, ces formes conditionnent tout un style de représentation, tout un système de figuration aux règles duquel l'enfant ne peut déroger.

Deuxième principe du signe linguistique : son caractère linéaire. Ici encore, le dessin s'organise selon des propriétés différentes. Les pictographies des Esquimaux[11] nous montrent des exemples de figuration par des petits dessins schématiques assez univoques pour imposer en quelque sorte une lecture linéaire du message dessiné. Les bandes dessinées constituent un exemple approchant, mais pas identique, car chaque dessin appelle une lecture qui ne repose pas sur la linéarité des signes, seule la succession des dessins semble s'y soumettre. On pourra, de même, évoquer à ce propos les œuvres picturales, en particulier du style gothique international flamand ou italien, où, dans le même espace symbolique, sont représentées différentes scènes qui se succèdent dans le temps. Très exceptionnellement, l'enfant recourt à ces artifices, comme Luquet a su l'observer.

En général, une telle linéarité des signes est absente et la combinaison des signes s'effectue selon un principe différent. Les éléments du dessin s'organisent selon le principe de figurabilité spatiale. Nous avons vu notre malaise pour articuler entre elles les deux formes du dessin D dans l'hypothèse d'une représentation frontale. Car nos habitudes de lecture du dessin prêtent à la feuille du dessin la même homogénéité que l'espace «vrai».

Cette disposition de voisinage des signes n'implique pas la nécessité de représenter l'espace dans son ensemble; entre la maison et l'arbre du dessin A, aucun objet ne vient accorder crédit à la présence d'un espace homogène et vrai, mais il faut que les deux objets figurés soient entre eux dans un rapport de cohérence spatiale.

Ce principe donne à l'image un pouvoir expressif très différent de celui du récit. Dans le récit, où les signifiants s'ordonnent selon le modèle linéaire de la langue parlée, les relations causales, les successions, les enchaînements sont rendus naturellement par la succession des signes. Au contraire, les rapports de position ne sont exprimés que par des artifices de style. Si nous voulons décrire un paysage, voire un simple objet, la succession des mots, les énumérations auxquelles nous devons procéder, donnent l'illusion que notre vision, à l'instar d'une caméra qui se promènerait sur les détails de l'image, procède par une exploration qui se déroule dans le temps. Un bon exemple de ce type de description est donné par les artifices cinématographiques auxquels procèdent les réalisateurs lorsqu'ils veulent illustrer un récit par une œuvre peinte. Au fur et à mesure que le récitant narre l'histoire, la caméra balaie les détails de l'œuvre, donnant de celle-ci une représentation parfaitement différente de celle que nous aurions si nous regardions réellement l'œuvre.

Dans l'expression graphique, au contraire, les relations spatiales, la disposition des objets nous sont données d'emblée. C'est l'enchaînement des actions qui nous est suggéré par une série d'artifices.

Si nous empruntons aux linguistes les termes de liens synchroniques et diachroniques pour signifier ces deux types de rapport, nous dirons que, dans le langage, les liens diachroniques sont naturellement représentés par l'enchaînement diachronique des signes, tandis que les rapports synchroniques sont suggérés par la fiction d'une approche diachronique, ou par des effets de résonance psychique qui nous font «associer» à l'objet désigné son environnement. Dans l'expression par images, au contraire, c'est cette disposition synchronique qui est donnée par le principe d'organisation des signes, les rapports diachroniques étant figurés de manière allusive, selon des modalités sur lesquelles nous aurons bientôt l'occasion de revenir.

À la linéarité du signifiant linguistique, il faut donc opposer la spatialisation du signe «iconique».

Dernier principe de l'agencement des signes linguistiques : le caractère discret des signes. Nous avons vu ce qu'il fallait entendre par ce terme. Son étude dans le dessin est le point le plus délicat de cette analyse du signe de l'image car il pose le problème de la lisibilité de l'image.

Un exemple va nous permettre de l'illustrer.

Nous voulons figurer une maison. Nous cherchons à la représenter par le minimum de traits utiles. Vraisemblablement, nous conviendrons de réaliser le schéma II.

Quand nous lisons l'image, nous disons «voici une maison» et nous pourrons ajouter : «Nous reconnaissons son toit, sa façade, une fenêtre et la porte.» Ainsi, le signe maison paraît en réalité un signe complexe. Contrairement au signifiant linguistique (maison) qui ne peut être décomposé qu'en des termes qui n'ont plus aucun rapport avec le signe maison, soit en phonèmes, soit dans les lettres du mot, l'image que nous avons dessinée paraît décomposable en des signes également chargés d'un pouvoir de signification. Faut-il dire que le signe «iconique» de la maison est en réalité un assemblage des signes : toit + façade + fenêtre + porte. Dans ce cas, où faudrait-il nous arrêter ? Car le toit nous montre ses arêtes et son faîte, la fenêtre ses bords et ses croisées, etc. Nous serions ainsi amenés à nier toute possibilité de prêter au signe de l'image un caractère unitaire et discret. En réalité, nous sommes là encore victimes d'une illusion réaliste où nous confondons la matérialité des signes et les effets qu'ils suscitent en nous, en d'autres termes, le signifiant et le signifié.

Car si je dessine un carré encadrant une croix ou un rectangle dont manque le petit côté inférieur, il ne sera pas possible de dire que ces signes figurent une fenêtre ou une porte. De même, un triangle ne signifie un toit que s'il surmonte un carré. Poussons plus loin l'analyse, la démonstration est encore plus évidente. Nous croyons identifier sur la façade de la maison les croisées de la fenêtre, mais si nous figurons seulement les deux lignes en croix qui les représentent, cette figuration isolée n'a plus aucun pouvoir de ressemblance.

Ces lignes ne tirent leur représentativité que de leur appartenance à l'ensemble identifié comme maison. Nous pouvons dire que le signe de l'image maison est un signe «unitaire» en ce sens que les lignes qui entrent dans sa composition n'ont aucune valeur représentative, à titre individuel. Ce n'est que secondairement, par une lecture rétrospective, que nous les identifions à une partie de la maison. À la différence du signe linguistique qui n'offre à l'analyse aucun détail de la maison, le signe de l'image nous permet une analyse des détails. Mais ces détails ne tirent leur sens que de leur appartenance à l'ensemble formel qui constitue la clef de leur signification.

Cette analyse est aussi vraie de toute œuvre peinte que du dessin de l'enfant. Observons un portrait de Frans Hals, la fraise de dentelle nous paraît si vraie que nous croyons observer le moindre de ses plis, mais si nous nous approchons du tableau, ce qui nous paraissait un détail admirable de réalisme se réduit à une tache de gris grossièrement appliquée sur la toile. Ici encore, la vérité du détail n'est soutenue que par la vérité de l'ensemble.

Dans l'image, une combinaison de lignes fonde le signifiant, mais, rétroactivement, les lignes qui le composent nous paraissent signifier les détails de l'objet signifié. Nous croyons discerner dans le signe unitaire des signes constitutifs. En réalité, s'ils étaient isolés, ils perdraient leur valeur de signification.

La lecture de l'image suppose un va-et-vient constant entre un tout qui garantit l'effet de sens et des parties qui ne tirent leur sens que de leur assemblage.

Ce mode de lecture diffère radicalement de celui du message linguistique, il fonde la spécificité du système de signification propre à l'image.

Nous voyons que si le signe «iconique» s'organise selon des règles opposables à celles du signe linguistique, il le fait selon des principes cohérents et que nous pouvons individualiser un ensemble de principes propres à la séméiologie de l'image. Ils sont à l'œuvre dans le dessin de l'enfant au même titre que dans toute figure réaliste de l'art plastique. Il va sans dire que cette séméiologie n'a aucun rapport avec une étude des formes appréhendées seulement dans leur matérialité formelle, comme l'étude esthétique de l'œuvre d'art nous invite à les considérer. C'est pourquoi nous avons distingué le signe plastique et le signe iconique.

Un tel système d'écritures a partie liée avec le langage. Car les objets qu'il représente, les actions qu'il évoque sont traduisibles en mots. Mais, évidence élémentaire, l'image peut se traduire en des langues diverses, comme à l'origine l'idéogramme chinois pouvait servir de support à des signes linguistiques différents, et pouvait être lu par des individus ne parlant pas le même langage.

Cette supériorité de l'image, sa diffusion possible au-delà des barrières linguistiques, ne doit pas faire oublier les astreintes qu'elle impose par sa nature même à toute communication qui se fait par son intermédiaire. Le caractère naturel ou motivé de l'image est une source d'équivoque, dans la mesure où le signe ne répond pas à un modèle standard de représentation.

Mais cette limitation est aussi une source de richesse car la liberté apportée à l'exécution de la forme lui permet de condenser plusieurs significations ou de s'appuyer sur des particularités stylistiques très expressives. Par exemple, la maison du dessin D est amusante dans la mesure où nous pouvons raisonnablement y lire un essai de figuration de maison à étages. Une grande partie du charme du dessin de l'enfant vient de cette absence de conventions rigides qui donnent à l'écriture par le dessin une liberté d'expression que le style du récit ne peut que très imparfaitement réaliser. En outre, alors que dans le récit parlé ou écrit, il faudrait une science extrême du raccourci, de la métaphore pour figurer à peu de frais un signe aussi chargé de sens, le dessin naturellement s'y prête.

Autre particularité de ce langage par l'image, la difficulté où nous sommes d'en user pour signifier des abstractions. En effet, si l'enfant peut aisément figurer l'arbre ou la maison, il rencontrera de plus grandes difficultés à représenter la force ou la paix. Le pouvoir expressif des formes, le recours à des figurations symboliques compenseront ce défaut. Et nous rencontrons là une analogie avec le travail d'élaboration du rêve que Freud a soigneusement observé : «Une expression abstraite et décolorée de la pensée du rêve fait place à une expression imagée et concrète. On voit bien l'avantage et donc le but de cette substitution. L'image peut être figurée dans le rêve, on peut l'introduire dans une scène, alors qu'une expression abstraite est aussi difficile à représenter qu'un article de politique générale par une illustration.»

Cette pensée par images serait dans le rêve un effet de l'évolution de l'état de conscience, comme les travaux de Silberer, cités par Freud, semblent le montrer. Cet auteur s'est imposé au moment de l'endormissement un effort de réflexion abstraite et a noté le déroulement de ses pensées. Il a constaté que celles-ci perdaient rapidement leur substratum conceptuel pour se transformer en visions imagées qui constituaient un équivalent symbolique de la pensée initiale.

Dans le dessin, le processus est différent, car c'est dans un état parfaitement vigile que l'enfant dessine. Simplement, le recours à un système d'images lui permet incidemment de transcrire telle ou telle représentation abstraite, comme nous le démontrent les associations de pensée que l'enfant nous livre à l'occasion de son dessin. Nous voyons donc pourquoi le dessin constitue un mode d'expression privilégié de l'activité imaginaire qui constitue une modalité permanente du discours humain. Mais ce langage par images ne constitue qu'une variante de tout discours, et on ne saurait mieux le comparer qu'à un ensemble d'artifices rhétoriques qu'induit le recours à un matériel particulier.

On sait en effet que les images ou, si l'on préfère, les représentations que nous nous donnons des choses, fondées sur la perception visuelle que nous en avons, sont pour nous une source inépuisable de sens. Si, marchant dans une forêt, j'aperçois dans une clairière la maison d'un garde, je pourrais évidemment ne saisir dans cette situation que son aspect purement actuel et concret. Si je cherche ou redoute le garde, cette maison m'avertira de sa présence, sinon sa perception ne me retiendra que le temps de l'identifier.

Imaginer que les choses se passent ainsi est une abstraction : cette maison découverte au détour du chemin sera une source d'évocations multiples. Indépendamment de telle ou telle de ses particularités, sa présence même éveillera en écho tout ce que nous savons de la maison dans la forêt. Tous les contes de notre enfance resurgiront, maison de l'ogre, maison des nains, en tout cas maison mystérieuse dans un élément de la nature aux frontières desquelles en principe l'œuvre des hommes s'arrête. Dès lors, la maison devient ici face aux arbres le signe d'une insolite rencontre. On voit que toute représentation de choses est riche en symbolisations, à la limite inépuisable. Si l'on pense qu'à tout instant nous sommes environnés d'un monde illimité de choses et que chacune d'entre elles peut évoquer un nombre également illimité d'autres choses, on voit que ces effets de sens qu'appelle la contemplation des images donnent à notre imagination une vie foisonnante.

Sans doute l'animal sait que le soleil revient chaque jour et, d'une certaine manière, il en attend le retour, mais la capacité de se représenter le soleil comme symbole de lumière, voire comme scansion du temps, n'est possible que dans la mesure où je peux détacher l'image du soleil des situations concrètes pour imaginer que j'en saisis l'identité dans une «multiplicité perspective», selon le mot de Merleau Ponty[14]. Avec lui, en effet, nous pouvons dire de cette multiplicité perspective qu'elle «introduit une conduite cognitive et une conduite libre. En rendant possibles toutes les substitutions de point de vue, elle délivre les "stimuli" des relations actuelles où les engage mon point de vue propre, des valeurs fonctionnelles que leur assignent les besoins de l'espèce définis une fois pour toutes... Avec les formes symboliques apparaît une conduite qui exprime le stimulus pour lui-même, qui s'ouvre à la vérité et à la valeur propre des choses, qui tend à l'adéquation du signifiant et du signifié, de l'intention et de ce qu'elle vise.» or, cette saisie symbolique des choses est coextensive du développement du langage, cette capacité d'appréhender une chose indépendamment des situations dans lesquelles on la perçoit, postule une intention en moi qui me permet à tout instant de l'évoquer. Cette intention, c'est évidemment mon aptitude ou mon pouvoir de la nommer. Aussi est-il peut-être faux de supposer l'existence d'une pensée imaginaire indépendante du discours, la pensée imaginaire n'est peut-être que l'effet produit sur l'univers des choses, par notre aptitude à le reformuler en termes de langage.

Le soleil, par exemple, est promu par nous à sa fonction symbolique pour autant que sa représentation par un jeu de métaphores ou de métonymies peut s'articuler dans la première série avec la chaleur, la vie, l'action, la puissance mâle fécondante, et dans la deuxième série avec ses contraintes, le froid, l'astre lunaire ou les objets de son rayonnement, la terre, la mer dans laquelle il se couche, etc.

D'autres particularités du langage par l'image, bien observables chez l'enfant, concernent la représentation du temps. Nous avons vu, en raison de sa nature même, que le signe «iconique» ne pouvait le figurer. Luquet a bien étudié ce problème : «L'expérience visuelle présente, à côté de ces tableaux statiques ou instantanés, des spectacles dynamiques ou changeants, constitués par une succession de moments, dont chacun ressemble au précédent par certains de ses éléments, et en diffère par d'autres. Nous donnerons au dessin d'un spectacle de ce genre, qui le figure par des traits comme une narration le décrit avec des mots, le nom de narration graphique.»

L'auteur distingue trois modes de narration graphique. Le premier consiste à choisir un moment symbolique de la scène. Procédé extrêmement commun dans le domaine de l'art plastique, en particulier dans la peinture d'histoire. C'est le procédé le plus employé par l'enfant qui reproduit là ce qu'il peut voir dans ses livres illustrés.

Le deuxième consiste à dessiner une série d'images qui représentent les scènes successives de l'histoire, à la manière des bandes illustrées. C'est là un procédé plus rare.

Dernière méthode, celle qui consiste à faire figurer sur la même image, dans une scène apparemment unique, différents moments de l'action. Un personnage peut être représenté plusieurs fois en différentes positions, ou les différents personnages qui composent la scène peuvent être figurés à des moments différents. Luquet déclare que ce procédé est propre à l'enfant, ce qui est discutable. Très souvent, en effet, le peintre donne un effet supplémentaire de mouvement à son tableau en décalant légèrement dans le temps l'attitude des différents personnages. De même, le dessin d'un cheval ou d'un personnage est plus véridique et plus animé si une partie du mouvement est dessinée avec un certain asynchronisme. Ces derniers procédés sont rarement utilisés par l'enfant qui préfère le premier, c'est-à-dire l'image exemplaire. Il lui faut alors dessiner la scène avec suffisamment de détails pour qu'on pressente la suite de l'action ou que l'on devine encore les circonstances qui l'ont précédée.

Le message par l'image constitue ainsi un raccourci d'action, l'économie de moyens qu'il impose au récit lui confère une valeur «poétique», mais inversement, pour décrire une situation stable, la richesse de ses moyens fait perdre l'avantage de la langue parlée ou écrite qui, à l'aide de peu de mots, permet de «camper» une scène avec un effet d'art supérieur.

Nous avons vu la difficulté de figurer des abstractions par l'image et la nécessité de recourir à l'expression symbolique. Il est également délicat de représenter les propositions logiques, et nous retrouvons ici un problème bien observé par Freud à propos du rêve : «Il faut bien dire tout d'abord que le rêve n'a aucun moyen de représenter les relations logiques entre les pensées qui le composent. Il laisse là toutes les conjonctions et ne travaille que sur le contenu effectif des pensées du rêve. C'est à l'interprétation de rétablir les liens supprimés par ce travail.

»Ce défaut d'expression est lié à la nature des éléments psychiques dont le rêve dispose. La peinture et la sculpture, comparées à la poésie, se trouvent dans une situation analogue : là aussi, le défaut d'expression est dû à la nature de la matière utilisée. Autrefois, alors que la peinture n'avait pas encore trouvé ses lois d'expression propre, le peintre plaçait devant la bouche des individus qu'il représentait des banderoles sur lesquelles il écrivait les paroles qu'il désespérait de faire comprendre... Mais, de même que la peinture a fini par trouver le moyen d'exprimer autrement que par des banderoles les intentions des personnages qu'elle représentait (tendresse, menace, avertissement, etc.), le rêve parvient à faire ressortir quelques-unes des relations logiques entre ses pensées en modifiant d'une manière convenable leur figuration»[15].

Or, il est assez remarquable que les procédés décrits par Freud à propos du rêve se retrouvent à l'œuvre dans la narration plastique et dans le dessin d'enfant.

Les relations causales sont figurées dans le rêve par la succession des images. Le dessin utilise aussi ce procédé de narration. L'alternative s'exprime souvent dans le rêve par la juxtaposition des deux éventualités. Or, dans le dessin, nous observons des juxtapositions de ce genre : l'enfant, par son récit, confirme cette interprétation. Par exemple, dans une barque de pêche, l'enfant dessine un pêcheur qui tend son filet, l'autre qui le range. Il racontera à ce propos que les pêcheurs peuvent continuer leur pêche ou rentrer au port. Une juxtaposition de personnages ou d'objets signifie de même l'opposition ou au contraire la ressemblance, l'interprétation de cette expression ambiguë est évidemment difficile, le contexte ou le récit de l'enfant nous permettant seuls de la résoudre.

*
* *

Ainsi, le dessin d'enfant, pas plus que tout autre système d'image, n'est le reflet de la réalité sensible. Il n'en est que la transposition symbolique dans un ordre de signes, dans un système séméiologique. Ces signifiants s'articulent entre eux selon des principes qu'il est possible de dégager par une analyse structurale. Système de signes, il est dans un rapport d'équivalence avec le langage, mais impose à sa transcription une série d'artifices stylistiques.

Nous avons déjà vu que cette manière de comprendre la fonction du dessin permettait d'expliquer son développement : le réalisme intellectuel ne peut être interprété que comme un système d'écriture déterminé par les aptitudes motrices et le contrôle visuel dont l'enfant dispose.

Nous verrons que, système expressif, il révèle par son style, son graphisme élémentaire et le choix des thèmes, la vie affective de l'enfant.

Enfin, l'enfant prend un plaisir particulier à dessiner. Sans doute se montre-t-il par là satisfait de pouvoir figurer ce qu'il a plaisir à contempler. Mais à aucun moment, l'enfant n'est dupe du caractère illusoire de l'image qui n'a avec la scène réelle qu'un rapport analogique. La contemplation du dessin n'est pas une hallucination. C'est comme procédé d'information que l'image nous séduit, parce que la liberté de lecture, le travail prospectif toujours ouvert à l'interprétation des formes, la richesse des signes, les raccourcis significatifs, rendent la contemplation agréable. Un simple effet de juxtaposition, un trait qui à lui seul modifie radicalement l'expression d'un personnage, sont autant d'artifices qui donnent un effet de sens important pour une dépense d'écriture minime. Le dessin en cela s'apparente à la caricature et aussi au mot d'esprit. En se prêtant, comme nous le verrons, aux mécanismes de condensation et de déplacement, il apparaît comme un matériel privilégié pour servir d'issue aux désirs inconscients. Ceci explique l'intérêt de son interprétation psychanalytique.

NOTES

[1] Anthony Blunt, *La théorie des arts en Italie de 1450 à 1600*, trad. franç. Julliard, 1962.
[2] Cooke, *Art teaching and child nature*, 1885; Corrado Ricci, *L'arte dei bambini*, 1887; Perez, *L'art et la poésie chez l'enfant*, 1888; Earl Barres, *The art of little children*, 1895.
[3] Maurice Merleau Ponty, *Bulletin du groupe d'études de psychologie de l'Université de Paris*, 16 mai 1950, n° 9, p. 6.
[4] Sartre, *L'imaginaire*, Gallimard, 1940.
[5] Merleau Ponty, *Phénoménologie de la perception*, Gallimard, 1945.
[6] Erwin Panofsky, *Die perspektive als "symbolisch Form"*, Vorträge der Bibliotek Warburg, 1924-1925.
[7] Liliane Guerry, *Cézanne et l'expression de l'espace*, Flammarion, 1950.
[8] René Passeron, *L'œuvre picturale et les fonctions de l'apparence*, Vrin, 1962.
[9] René Passeron, *op. cit.*
[10] Meili, Les perceptions des enfants et la psychologie de la Gestalt, *Archives françaises de psychologie*, année 1931-1932.
[11] James G. Février, *Histoire de l'Ecriture*, Payot, 1959.
[12] André Malraux, *Les voix du silence*, Gallimard, 1951.
[13] Ferdinand de Saussure, *Cours de linguistique générale*, Payot, 1960.
[14] Maurice Merleau Ponty, *La structure du comportement*, PUF, 1942.
[15] Sigmund Freud, *La science des rêves*, PUF, 1950.

Chapitre 3
Dessin et personnalité

Quand nous regardons une affiche publicitaire, le produit que l'on vante et les mérites qu'on lui attribue nous font oublier le travail du dessinateur. La caricature politique, le dessin humoristique nous amusent par eux-mêmes. Au contraire, nous nous intéressons au dessin de l'enfant dans la mesure où nous nous intéressons à l'enfant. Certes, pour des raisons techniques, nous pouvons étudier les dessins d'enfants inconnus, ou par goût, prendre plaisir au style de ces dessins, mais lorsqu'un enfant nous montre le dessin qu'il vient de faire, après avoir rapidement identifié le sens de l'image, nous interrogeons l'enfant sur ses intentions, nous lui demandons de nous «expliquer» le dessin. En somme, nous nous intéressons à l'acte créateur plus qu'à l'objet lui-même. Car le dessin d'enfant a une faible valeur informative : il ne nous apprend rien et seule nous touche sa valeur de communication personnelle. Par ce témoignage, l'enfant révèle non seulement certaines aptitudes pratiques (habileté manuelle, qualités perceptives, bonne orientation dans l'espace), mais surtout des traits de sa personnalité. Ces traits, notons-le bien, expriment avant tout ses réactions émotionnelles du moment, ses attitudes affectives dans des situations déterminées. C'est nous qui généralisons ces observations et nous nous faisons une certaine idée de la personnalité de l'enfant à partir de ces réactions. L'indétermination de l'épreuve proposée nous y autorise. Car si toute tâche révèle de nous plus que nous ne le pensons, lorsqu'il s'agit d'épreuves qui nécessitent un effort d'adaptation assez grand et la mise en œuvre d'opérations intellectuelles ou manuelles précises, la valeur expressive est faible et ne concerne que les dispositions du moment. Mais s'il s'agit de tâches faciles à réaliser, agréables, et qui font essentiellement appel à notre imagination, leur valeur expressive est grande et les dispositions d'humeur, les attitudes qui s'y manifestent révèlent des traits permanents de la personnalité. Pour ces raisons, chez l'enfant, le dessin a valeur d'épreuve projective.

On entend par méthode projective des méthodes d'exploration de la personnalité, qui procèdent à une investigation d'ensemble de celle-ci, envisagée, selon l'expression de D. Anzieu[1], comme une totalité en évolution dont les éléments constitutifs sont en interaction.

Cette notion de projection introduit une équivoque, car, comme le rappelle opportunément Anzieu, le terme a été introduit en psychologie par Freud dans un sens très déterminé : conférer à autrui ce que nous ne voulons pas reconnaître en nous.

En psychanalyse, ce qui définit la projection, c'est donc le déplacement qui constitue un des mécanismes fondamentaux de défense contre ce que nous ne pouvons admettre.

Si l'on s'en tenait à cette définition, on ne pourrait considérer le dessin comme un lieu où se produisent de telles projections. Mais une conception toute différente se dégage de l'étude des tests. Récemment encore, Roger Muchielli[2] a vigoureusement souligné l'écart entre la conception psychanalytique de la projection et la conception psychométrique. Il s'agit pour lui de deux phénomènes totalement différents.

«La projection à l'œuvre dans les techniques projectives n'est autre chose que l'acte perceptif lui-même, quoiqu'il ne soit absolument pas conscient, pas plus que notre vision n'est consciente de la structure anatomo-physiologique de l'œil ou des processus par lesquels elle s'effectue.»

En d'autres termes, quand l'enfant raconte ce qu'il voit sur une image aux formes ambiguës, il projette littéralement sa manière de voir. À ce titre, le dessin constitue, d'une certaine manière, une épreuve projective, puisqu'il reflète la «vision» de l'enfant. Le terme de projection a donc ici un sens très général. L'enfant se projette dans le dessin parce que nous pouvons, en regardant celui-ci, donner de l'enfant un certain portrait psychologique.

Pour plus de précision, il faut distinguer quatre plans différents dans l'expression des sentiments et du caractère par le dessin.

Le geste graphique, la manière dont l'enfant traite la surface blanche, le choix des formes et des couleurs, expriment certains éléments de son état émotionnel. C'est ce que nous appellerons la valeur expressive du dessin.

Le style général de la figuration révèle certaines dispositions fondamentales de la vision du monde de l'enfant et constitue donc sa valeur projective proprement dite.

En nous livrant les produits de son imagination, il nous révèle aussi ses centres d'intérêt, ses soucis, ses goûts. C'est la valeur narrative du dessin.

Ces trois modes d'expression concernent sans doute des dimensions de sa personnalité qui ne lui sont pas connues, mais il les ignore, comme il ignore les mécanismes qui mettent en mouvement la main avec laquelle il dessine. Le dessin révèle en outre des sentiments et des pensées inconscientes, au sens psychanalytique du mot, c'est-à-dire qu'elles échappent à la connaissance du sujet, non seulement par leur nature, mais parce que l'enfant n'en veut rien savoir et qu'elles sont l'objet d'un véritable refoulement. Ce quatrième point de vue doit donc être distingué des précédents. Selon les autres, l'enfant ne cache rien, ici nous nous heurtons à des processus défensifs. Pour les contourner, nous devons tenir compte des associations de pensée de l'enfant qui, indirectement, nous permettent de déduire l'existence et la nature de thèmes inconscients.

LA VALEUR EXPRESSIVE DU DESSIN

La valeur expressive du dessin dépend du geste graphique lui-même. L'inscription sur une surface plane de traces graphiques témoigne, à un niveau presque physiologique, du tempérament de l'enfant, de ses réactions tonico-émotionnelles, au moins à l'instant où il accomplit le dessin. Rappelons ici le mot de Wallon[3] : «Avant le geste poursuivi pour lui-même, il semble y avoir ceux qui appartiennent aux effets dynamo-génétiques de la souffrance et du bien-être. Ils ne sauraient d'ailleurs être dissociés des états affectifs qui leur répondent, comme le serait une expression de ce qu'elle exprime. Ils leur sont liés d'existence par une sorte de réciprocité immédiate et se confondent d'abord totalement avec eux.»

Ainsi, le dessin enregistre l'état émotionnel et on note, par exemple, le trait rageur et agressif qui peut, à la limite, entraîner une déchirure du papier, ou le trait hésitant à peine accusé.

En ce sens, l'étude du dessin ne diffère pas fondamentalement de la graphologie, elle pourrait même en constituer simplement un cas particulier. Rappelons, à ce sujet, la phrase de Max Pulver : «Écrire consciemment, c'est se dessiner inconsciemment.»

L'étude des traits a été poursuivie par un assez grand nombre d'auteurs qui s'inspiraient, pour la plupart, de la graphologie. On en trouvera un résumé dans le travail de Renée Stora[4].

Ces différents travaux ont surtout permis une classification des différents types de traits, sans que l'on se soit beaucoup préoccupé d'une correspondance entre tel type de trait et tel type d'émotion. On a pu vérifier qu'il y avait une grande concordance entre l'expression graphique, l'humeur et le caractère.

Quand on dispose d'une importante documentation clinique, on constate cependant que l'intérêt d'analyser le mode d'écriture est assez mince, car le comportement global de l'enfant peut nous donner autant de renseignements. Savoir que l'enfant dessine mollement avec des traits hésitants n'en dit pas plus que constater sa gaucherie à nous dire bonjour ou à s'asseoir. L'intérêt pratique de la graphologie est de nous permettre de porter des jugements rapides sur des individus que nous ne connaissons pas et de choisir parmi eux à l'aide de documents rapidement analysés. On sélectionne ainsi de manière économique, au prix certes de quelques injustices. Si nous avions besoin de choisir parmi mille enfants les vingt dont nous espérons faire des agrégés de l'université, une étude rapide du dessin nous permettrait sans doute d'écarter sans les voir les 9/10 avec une marge importante de sécurité. Mais, dans le domaine de la sélection scolaire, nous n'en sommes pas encore tout à fait là !

Par contre, au cours d'une psychothérapie, il n'est pas inutile de noter à une séance ou à une autre l'existence d'un trait plus incisif, plus rapide, plus fortement gravé sur la feuille qu'à l'ordinaire et un accès d'humeur agressif. Mais, ici aussi, le ton de la voix, le peu d'aménité de la présentation, nous en auraient peut-être appris autant.

La graphologie ne se contente d'ailleurs pas d'étudier la forme des traits, elle considère aussi la manière dont l'écriture utilise l'espace graphique. Pulver affirme qu'il existe un parallélisme entre les pulsions et les mouvements de l'écriture. En d'autres termes, il existerait une analogie entre le cadre spatio-temporel dans lequel se situe l'homme et l'espace graphique.

L'homme ambitieux qui cherche à affirmer sa présence en tout lieu et à tout moment aura une écriture qui couvrira le plus possible d'espace.

Ces vues ont amené Pulver à une conception symbolique de l'espace beaucoup plus discutable; il propose de diviser la feuille du dessin en trois zones horizontales et deux zones verticales, la zone horizontale supérieure symboliserait l'idéal, la zone médiane notre centre d'intérêt habituel (le moi quotidien), la zone inférieure nos pulsions les plus primitives, la bande verticale droite représenterait l'avenir, la gauche le passé.

On voit qu'avec de tels cadres, il n'est pas difficile d'établir un véritable horoscope à partir de l'écriture. Nous ne les citerions pas ici s'ils n'avaient inspiré certains travaux sur le dessin d'enfant, dont on trouvera un exemple dans l'ouvrage de Biedma et d'Alphonso[5].

Il y a lieu d'être réservé sur ces interprétations symboliques : que l'enfant ambitieux, sûr de lui, s'exprime en remplissant avec fougue la surface blanche, ceci est bien conforme à ce que l'on sait de la valeur expressive de l'acte graphique. Mais prêter une signification symbolique à telle ou telle partie de l'espace mérite une discussion. Il peut s'agir d'une signification symbolique particulière : l'enfant, au cours d'un dessin, peut signifier une relation de supériorité en superposant deux objets, ou suggérer un événement à venir en faisant apparaître sur le côté droit de la feuille un objet nouveau (animal, personnage ou véhicule). Dans de tels cas, le recours au sybolisme de l'espace fait partie des procédés de narration graphique. Il n'a de valeur que pour ce dessin, ou à l'extrême pour le type habituel des dessins d'un enfant. Mais lui prêter une valeur générale dépasse le cadre des hypothèses de travail raisonnables.

L'usage d'une symbolique générale de l'espace ne serait plus ici au service de l'expression graphique. Il s'agirait de la projection d'une image que nous nous faisons de notre vie psychique et de notre personnalité.

Le découpage de l'espace graphique par les formes a été l'objet d'études sérieuses menées par deux auteurs américains, Rose Alschuler et B. Weiss Hattwick[6]. Elles ont cherché à comparer le style graphique et la vie affective en observant les dessins d'un important nombre d'enfants dont la personnalité était par ailleurs étudiée avec soin.

Elles ont montré que les enfants qui manifestent surtout un intérêt pour les lignes droites et les angles sont des enfants réalistes, souvent assez agressifs et opposants, dotés de bonnes capacités d'organisation et d'initiative. Ceux, au contraire, qui préfèrent les lignes courbes sont des enfants sensibles, soucieux de rechercher l'approbation des adultes, très imaginatifs, mais manquant de confiance en eux. La prédominance des formes circulaires serait un signe d'immaturité et aussi un signe de féminité. Un juste équilibre entre formes circulaires et lignes verticales serait le reflet d'un bon équilibre et d'un contrôle de l'impulsivité. Le recours aux verticales serait le propre des tempéraments virils, actifs, constructeurs, tournés vers l'extérieur. Quant à la prédominance des lignes horizontales, plus rare, elle serait souvent l'indice de conflits psychologiques.

Ces auteurs s'intéressent aussi à la disposition des traits dans l'espace : on peut opposer l'esprit de décision de ceux qui dirigent leurs lignes dans des directions cohérentes à l'impulsivité de ceux qui éparpillent leurs traits dans toutes les directions. La prédominance de formes angulaires serait le reflet d'un maniérisme agressif, les dispositions en zigzag et les lignes brisées, signes d'instabilité. La préférence donnée aux points, aux petites taches exprimerait l'ordre, voire la méticulosité.

À propos de la quantité d'espace utilisé et de la manière dont il est découpé, on peut analyser la tendance à dépasser le cadre donné qui serait un manque de contrôle, un signe d'immaturité ou une attitude d'opposition et de révolte à l'égard de l'autorité et des règles.

Le remplissage systématique de toute la feuille est également souvent un signe d'immaturité. À l'opposé, beaucoup d'enfants n'utilisent qu'une partie de l'espace graphique : si cette partie est excentrique, exagérément petite, ce sera l'indice d'un certain déséquilibre. L'enfant qui se sert de la partie supérieure de la page exprime par là ses propensions à l'orgueil, celui qui assoit son dessin au bas de la feuille montre sa stabilité, il est «fortement enraciné».

Fait intéressant, l'usage du côté droit ou du côté gauche ne serait pas significatif.

Il nous a paru intéressant de donner de nombreux exemples de ces observations. Leur application pratique n'est certes pas très grande : si on demande à des observateurs, même peu expérimentés, de tirer des indications psychologiques du style graphique d'un dessin, leurs conclusions concordent souvent avec celles de ces minutieuses études. Les interprétations que nous apportent Rose Alschuler et Berta Weiss Hattwick ne font que confirmer les interprétations du sens commun. Elles restent assez vagues pour prêter à des jugements nuancés. Leur mérite est de montrer par une très importante étude statistique et par de très soigneuses observations cliniques, que l'opinion du sens commun sur la valeur expressive des traits s'appuie sur des données objectives.

Dans la pratique, c'est l'étude d'ensemble du graphisme qui aidera à nous faire une opinion. Les déductions que nous pouvons faire de l'étude des cercles ou des angles doivent s'intégrer dans une observation plus globale du dessin.

Retenons que, dans tout ceci, il n'est fait aucune référence à la symbolique et qu'il ne s'agit que de la valeur expressive du dessin.

Mais, bien entendu, cette grammaire de l'expressivité des traits peut être secondairement utilisée de manière symbolique. Par exemple, un personnage méchant pourra être dessiné avec des traits durs et reliés par des angles. Les traits et les angles auront ici valeur de métaphore et leur usage est comparable à celui de la métaphore verbale que nous pouvons faire dans un récit en parlant d'un visage «anguleux» et de traits «durs».

La couleur a aussi une valeur expressive.

Chaque couleur possède des effets propres et leurs combinaisons également. Les couleurs froides, les bleus en particulier, ont tendance à se concentrer en elles-mêmes et à fuir devant notre regard, tandis que les rouges irradient, diffusent et tendent à s'avancer vers nous.

Il y a des couleurs qui se complètent ou s'opposent. Certaines combinaisons donnent une impression d'harmonie, de cohérence; d'autres, au contraire, provoquent un effet de heurté.

L'usage des tons et de leurs combinaisons exprime une certaine tonalité émotionnelle. La notion même de ton chaud et de ton froid est significative et semble liée à des propriétés physiques élémentaires de la couleur. On connaît, par exemple, les propriétés excitantes des radiations rouges et orangées sur certains animaux.

Mais, indépendamment d'effets proprement physiques qui jouent un rôle dans le choix des couleurs, les rapports entre les tons peuvent dépendre de facteurs plus complexes. L'opposition des effets propres d'un ton froid et d'un ton chaud, d'une couleur et de sa complémentaire, ont un grand pouvoir d'expression.

Deux tons complémentaires, un bleu et un orange, s'ils sont séparés, forment un contraste atténué et créent un sentiment d'équilibre, mais «que le peintre fasse glisser au voisinage de ces tons les bleus vers les verts, les orange vers les rouges, le contraste s'avive et il nous fait percevoir entre les complémentaires des tensions naissantes», nous dit Noël Mouloud[7].

Ce pouvoir des couleurs sera étayé par les correspondances naturelles entre les couleurs et certains éléments naturels. Comme l'a écrit René Huyghe[8], «la connaissance du rouge est évidemment attachée à la vue du sang, signe de la vie, signe aussi de la blessure, de la brutalité, de la cruauté... Il serait aisé de vérifier qu'il en est de même des autres couleurs. Leur symbolique traditionnelle et singulièrement constante ne fait que ratifier et codifier les rapports qui sont presque fatalement établis à l'origine entre elles et l'élément dont elles semblent la manifestation : le bleu avec le ciel ou l'eau, le vert avec la végétation au plein de son épanouissement, le jaune avec le feu et la lumière... Les couleurs expressives de la lumière et du ciel seront toujours solidaires des idées de pureté et de vertu, de sagesse divine. Le symbolisme a des bases si profondes et universelles qu'on le retrouvera, à peu de variantes près, identique en tous les lieux du monde et à toutes les époques.»

Les correspondances entre les couleurs et la nature visent d'ailleurs non seulement les choses elles-mêmes, mais certains états de la matière. Les tons opaques et ternes évoquent une substance matérielle résistante, tandis que les tons vifs ont une qualité aérienne qui évoque la lumière qui joue à travers les choses.

Il en résulte que le choix des couleurs sera dicté d'abord par le souci de signifier tel ou tel objet de la manière la moins équivoque (le bleu de la mer, le rouge du toit, etc.), mais, secondairement, par des besoins d'expression beaucoup plus généraux.

Des impressions de tristesse ou de joie, d'harmonie paisible ou de tension, seront lisibles sur le dessin grâce à ce choix. Rose Alschuler et Berta Weiss Hattwick ont cherché également à le vérifier par l'observation et l'analyse statistique.

Dans l'ensemble, les couleurs chaudes sont l'apanage des enfants ouverts, bien adaptés au groupe; les couleurs neutres caractérisent les enfants renfermés, indépendants et le plus souvent agressifs.

Le rouge, couleur préférée des jeunes enfants, plus tard exprimerait des mouvements d'hostilité et des dispositions agressives.

Parmi les enfants qui utilisent le bleu, il faudrait distinguer deux groupes : ceux qui cherchent à se conformer aux règles extérieures, mais qui, en profondeur, ne les acceptent pas, et ceux qui se conforment aussi aux règles du groupe, mais sont suffisamment évolués pour les accepter.

Le noir exprimerait l'inhibition, la peur, l'anxiété et s'allierait à un comportement dépressif. L'orange exprimerait un état d'esprit heureux, détendu; le brun, un besoin de salir; le vert, une réaction contre la discipline trop rigoureuse; le violet, des tensions conflictuelles.

Aussi intéressante que le choix d'un ton, se montre sa répartition. On distinguera ici la superposition, l'isolement et le mélange des couleurs.

La superposition exprime le conflit des tendances, l'isolement témoigne de rigidité et de crainte, le mélange sans discrimination, d'immaturité et d'impulsivité.

Mais, comme pour le trait, les auteurs insistent sur le caractère très conjectural de ces interprétations : on ne peut généraliser à partir d'un détail, il faut tenir compte des autres facteurs.

Ce pouvoir expressif de la couleur est à séparer de son usage symbolique. Le choix du rouge ou du noir pour colorer le costume d'un personnage peut avoir une signification symbolique.

D'ailleurs, le langage verbal se sert aussi d'images de couleur. Le langage des couleurs, comme les métaphores spatiales que Matoré vient de recenser[9], appartient autant au langage des formes qu'à celui des mots.

LA VALEUR PROJECTIVE

Ainsi, dans chaque détail, le dessin porte la marque de la vie émotionnelle de l'enfant. Si, maintenant, nous considérons le dessin dans son ensemble, nous pouvons dire qu'il reflète une vue d'ensemble de la personnalité.

Il ne s'agit plus d'analyser ici les détails accumulés, mais d'appréhender l'effet global provoqué par le dessin, c'est-à-dire son style. Il ne s'agit plus également de faire état de telle ou telle note de la vie affective, mais de considérer la personnalité comme une totalité.

Nous voyons bien qu'une telle perspective est en accord avec la notion de projection appliquée à l'étude des tests.

Le style du dessin reflète des habitudes motrices, des imitations, mais, au-delà de ces particularités, il exprime peut-être une dimension assez fondamentale de l'être. C'est à l'analyse formelle de ce problème que Françoise Minkowska a consacré l'essentiel de ses recherches sur le dessin.

Le modèle interne constituait chez Luquet une donnée d'ordre intellectuel, c'était en somme la représentation que l'esprit se donnait de l'objet en fonction des données perceptives et de notre savoir.

Selon Françoise Minkowska, il y a lieu de donner à ce concept une définition plus large, car la représentation que nous nous donnons des choses ne provient pas seulement de données intellectuelles, mais de dispositions plus globales de la personnalité qui relèvent autant de l'affectivité que de l'intelligence. À la notion intellectualiste de modèle interne, elle substitue celle de «vision du monde».

En 1949, elle organise au Musée Pédagogique une exposition de dessins d'enfants, dont elle rédige le guide catalogue sous le titre : «De Van Gogh et Seurat aux dessins d'enfants.»

En effet, le point de départ de ses recherches fut de comparer les particularités stylistiques des dessins et celles observables en peinture, celles qui permettent d'opposer, par exemple, l'art d'un Van Gogh à celui d'un Seurat. Des recherches sur Van Gogh avaient d'ailleurs précédé de longue date cette étude[10]. Elle y insiste sur l'utilité de développer entre la psychiatrie clinique et la psychanalyse une psychopathologie structurale qui aurait pour objet d'étude la forme des expressions morbides, tant dans la vie du peintre que dans son œuvre. Cette approche s'inspire donc essentiellement d'une perspective phénoménologique. Elle reprit cette étude dans des articles ultérieurs également réédités dans la plaquette de 1963, soulignant les rapports étroits qui existent entre la personnalité du peintre et son écriture picturale : choix de la couleur, découpage des formes et la touche elle-même. Ceci l'amena, dans le catalogue de 1949, à opposer trait pour trait le style de Van Gogh à celui de Seurat.

Chez Van Gogh, épileptique, domine le mouvement et la couleur, les mouvements de descente et de montée qui font ployer les personnages, tourbillonner les arbres, se redresser le sol. Pour la couleur, la préférence est donnée aux tons purs, lumineux, saturés, juxtaposés en touches vigoureuses et hachurées. Le choix des thèmes est également significatif : humbles objets du monde quotidien, transfigurés par l'écriture tourmentée du peintre.

À la vision du monde de Van Gogh, madame Minkowska oppose celle de Seurat. Ici domine un équilibre tranquille, les personnages aux attitudes rigides paraissent figés et hiératiques. La touche est rigoureusement uniforme. Les tons souvent rompus se juxtaposent les uns aux autres et réalisent des transitions à peine sensibles, ce qui donne à l'ensemble un aspect harmonieux. Ainsi s'oppose l'épileptoïde chez qui «l'homme domine le peintre», au rationnel chez qui «le savant domine le peintre».

Cette opposition rejoint celle que madame Minkowska avait cru devoir déduire de l'étude du test de Rorschach : si, dans le domaine de la maladie mentale, l'épilepsie et la schizophrénie constituent une paire contrastée, cette distinction se retrouve pour la personnalité normale dans l'opposition sensoriel-rationnel qui se retrouve à l'examen par le test de Rorschach. On ne peut mieux faire ici que de citer la description que fait madame Minkowska de ces deux types de tempérament : «Le rationnel se complaît dans l'abstrait, dans l'immobile, le solide et le rigide; le mouvant et l'intuitif lui échappent; il pense plus qu'il ne sent et ne sait d'une façon immédiate; il est "froid" à l'instar du monde abstrait; il discerne et sépare, et de ce fait, les objets avec leurs contours tranchés occupent dans sa vision du monde une place privilégiée; il arrive ainsi à la précision de la forme.

»Le sensoriel vit, au contraire, dans le concret, dans l'hyper-concret même : il y adhère et n'arrive pas à s'en détacher; il sent bien plus qu'il ne pense et il se laisse guider dans la vie par cette faculté de "sentir" de très près êtres et choses; il voit le monde en mouvement (les kinesthésies dans le test de Rorschach), mouvement qui ne se réduit point à un simple déplacement des objets dans l'espace, mais qui, dans son dynamisme élémentaire, prime, si l'on peut dire, l'objet et s'impose ainsi souvent au détriment de la forme; il voit enfin le monde en "images", toujours vivantes et loin de toute abstraction.»

Dans le dessin d'enfant, on retrouve cette opposition, tant dans les dessins libres que dans les dessins à thème.

L'enfant sensoriel s'intéresse aux objets familiers, il aime les accumuler, ce qui donne à son dessin une impression d'extrême richesse. Dans les paysages, maisons, arbres, routes, personnages, se pressent. Dans le détail, chaque objet est représenté avec un souci extrême de réalisme. Tout vit, tout s'agite. Selon l'heureuse expression du docteur Denise Osson, qui a consacré sa thèse au dessin d'enfant et à qui nous empruntons l'essentiel de cette description[12] : «Ce sont des ensembles dynamiques où tout se tient ! Le mouvement et la vie sont dans toutes les dimensions et dans tous les plans de la feuille. Tout est en courbes, en sinuosités.»

Le choix des couleurs est également caractéristique. Le sensoriel aime les tons vifs et réalistes, la couleur domine la forme et donne à l'ensemble une impression de lumière et de vie. Pour l'enfant rationnel, c'est très exactement l'opposé. Le dessin l'emporte sur la couleur, celle-ci, quand elle est utilisée, ne sert qu'à enjoliver un élément du dessin. La construction ici est précise, équilibrée, mais statique, figée; les traits sont nets, les articulations précises, la symétrie domine, l'espace n'est rempli qu'incomplètement, les objets laissant entre eux des surfaces vides. Il ne faudrait pas d'ailleurs porter sur cette opposition un jugement de valeur, comme le souligne Denise Osson : «Chacun de ces mondes a ses déficiences et ses ressources; le premier, tourné vers le mouvement, pêche souvent par l'imprécision de la forme, l'autre tend à l'immobilisation et gagne en précision ce qu'il perd en dynamisme.» D'autre part, cette opposition ne définit pas deux groupes d'enfants, mais plutôt deux pôles dans les particularités formelles des dessins d'enfant. On retrouve, en général, ces deux tendances, selon des modalités diverses et changeantes.

Ces travaux ont abouti à la constitution d'une véritable école, dont le groupe de recherche et d'enseignement Françoise Minkowska constitue le support formel. Sous la direction du docteur Minkowski et de madame Z. Helman est dispensé un enseignement et sont publiés des *Cahiers* que pourront consulter avec intérêt ceux qui voudraient approfondir ce domaine de l'analyse formelle du dessin.

Que penser de ce type de recherche ?

En tant qu'analyse formelle, il s'agit là d'une étude objective et tous ceux qui observent les dessins d'enfants retrouveront les caractéristiques décrites par madame Minkowska. Mais cette typologie a les inconvénients que présente toute typologie binaire. Elle est d'autant plus vraie qu'elle est plus générale. On a cherché à la valider par toute une série d'études comparatives (test de Rorschach — électroencéphalogramme, autres épreuves psychométriques). La validité de l'opposition sensoriel-rationnel s'est trouvée ainsi renforcée.

Mais l'intérêt pratique de ces deux catégories réside moins dans ce qui les oppose que dans la manière dont elles se conjuguent. Des études portant sur l'évolution du style graphique au cours du développement d'un enfant, les rapports pour un sujet donné entre tel événement traumatique et de brusques mutations de style, sont plus fécondes qu'un souci, teinté d'un trop grand dogmatisme, de retrouver à tout coup l'opposition rationnel-sensoriel.

Le plus grand mérite de Françoise Minkowska est peut-être ailleurs que dans cette typologie un peu simple. Il concerne la méthode d'analyse. L'étude formelle du dessin est en effet une méthode particulièrement féconde.

Rejoignant le travail de l'historien d'art, le repérage minutieux des traits stylistiques ouvre la voie à toute une séméiologie. Si nous ne savons pas encore à quelles conclusions et à quelles découvertes elle peut mener, elle enrichit du moins l'observation du dessin.

Dans les *Cahiers* du Groupe Françoise Minkowska, nous en avons un très bel exemple. C'est celui des entretiens de Henri Wallon sur le dessin d'enfant, recueillis par L. Lurçat et publiés dans le numéro de décembre 1963, en hommage au grand psychologue récemment disparu[13].

Nous saisissons sur le vif tout ce qu'une analyse formelle, menée sans esprit dogmatique, peut apporter. Dans ce domaine, le travail de Françoise Minkowska aura été un exemple.

Mais si l'analyse formelle est une méthode d'approche nécessaire, ce n'est pas une méthode suffisante. Françoise Minkowska et ses élèves ont peut-être eu raison de critiquer les excès d'une analyse exclusive des contenus du dessin et de leur symbolisme, mais il serait tout aussi excessif de la négliger.

D'ailleurs, l'étude du contenu ne se résume pas à l'interprétation psychanalytique. Tout observateur procède à une analyse du contenu, c'est le temps du déchiffrage du sens manifeste du dessin que nul ne peut éluder.

Avant même de prêter à ce contenu une valeur symbolique, prenons-le à son sens littéral et reconnaissons que si l'enfant nous dessine un éléphant ou une montagne, c'est qu'il éprouve un certain désir de le faire.

LA VALEUR NARRATIVE

Le thème du dessin est en rapport avec certains mobiles déterminés qui ont incliné l'enfant à faire ce dessin et non un autre.

C'est rarement sur la suggestion d'un tiers que l'enfant choisit son thème. Dans ce cas d'ailleurs, l'enfant s'y soumet d'autant mieux que le thème ainsi suggéré lui est familier.

Plus souvent, c'est la situation qui détermine le choix de l'objet. Un séjour au bord de la mer ou à la ville va déclencher des thèmes appropriés. Une visite au jardin zoologique ou au cirque aura également un certain pouvoir évocateur. Mentionnons ici les facteurs saisonniers. Noël voit revenir les dessins de sapins, de cadeaux, les paysages de neige. Pâques s'accompagne de dessins de cloches, d'œufs décorés, etc. La guerre, les grandes découvertes sont également à l'origine de bien des choix.

La vue d'un objet peut également fournir l'occasion, mais il faut que cet objet ait marqué, pour une raison consciente ou non, l'imagination de l'enfant. Il peut s'agir d'une nouveauté : avion, fusée, par exemple, ou d'un objet pour lequel l'enfant éprouve soudain l'intuition qu'il peut en donner une représentation correcte. Souvent, ce ne sera pas l'objet lui-même qui exercera cette stimulation, mais une image, une photographie qui le représente.

Ce n'est pas tant l'objet lui-même qui fascine que sa reproduction, d'autant que l'enfant découvre plus aisément les moyens de figurer l'image qu'en observant l'objet réel.

De même, les dessins antérieurs exercent un attrait puissant et favorisent la répétition fréquente des mêmes thèmes. Parfois, à l'occasion d'une erreur, d'une improvisation, l'enfant trouve à son schème habituel un sens nouveau, ou découvre soudain la possibilité de représenter un nouveau type d'objet.

Le choix du thème est donc, en général, déterminé par deux séries de mobiles : le désir de représenter tel objet, le plaisir de reproduire certains schèmes graphiques habituels et, à l'occasion de mutations délibérées ou inopinées, d'en essayer l'application à la représentation d'autres objets qui ne seraient pas choisis pour eux-mêmes.

Quant à l'imitation directe de l'objet perçu, elle ne joue qu'un rôle très secondaire. Non pas que le spectacle de l'objet réel lui enlève le désir de l'évoquer par le dessin, c'est là un souci étranger à l'enfant : ce qui lui plaît n'est pas de se donner l'illusion de la présence d'une chose absente, mais de s'assurer de son pouvoir à signifier par l'image. Si l'enfant copie peu les objets réels, c'est parce que cet exercice l'aide très peu à perfectionner ses schèmes habituels.

Mais le choix des objets, s'il est souvent lié aux circonstances, dépend également de prédilections habituelles. Il s'agit alors d'objets qui sont liés à son monde quotidien et surtout de ses livres, des contes ou récits qu'il affectionne le plus, et enfin de ses rêveries.

Choix des objets et choix des thèmes sont d'ailleurs étroitement intriqués. Tel enfant reproduira des scènes de guerre, d'agression, tel autre des scènes d'exploration. Chez l'un, des scènes domestiques, chez l'autre, des scènes entre animaux se reproduiront avec une grande régularité. On devine derrière ces thèmes les préoccupations habituelles, les craintes ou les désirs qui commandent la marche des rêveries.

Certaines particularités de la figuration auront alors, par leur répétition, une valeur indicative assez grande.

Mentionnons, par exemple, les travaux sur le dessin de la famille, sur celui de la maison, ceux de L. Michaux, M. Saulnier et madame Horison sur le dessin du village qui montre chez les instables la grande fréquence des routes plus longues et plus flexueuses.

Ceci nous conduit à considérer la valeur symbolique des thèmes. Certes, les objets, les scènes, les particularités de figuration renvoient à une expérience vécue, à des intérêts actuels ou à des souvenirs; mais ils ont en outre une valeur symbolique.

Que les choses, et les rapports que nous percevons entre elles, veuillent toujours en dire davantage que ce qu'ils signifient dans le contexte où nous les percevons, c'est là une propriété qui marque l'esprit humain au plus vif de son être. Il n'est pas de situation concrète actuelle où les choses et les événements ne prennent une signification qui la déborde. On ne peut même pas concevoir que nous puissions saisir l'univers autrement. Assis à ma table, écrivant sur la page blanche, il faudrait que, dans l'instant, la table, le papier, ne représentent rien d'autre que l'objet présentement disposé, dans une configuration donnée. À partir du moment où cette table est une table, ce papier du papier, ils participent d'un univers symbolique.

Dans cet univers, les objets n'appartiennent pas seulement à des classes d'objets, ils se définissent dans leurs rapports avec les autres objets selon des lois qui font de notre univers un monde de forces et de rapports. Ainsi, le soleil symbolise chaleur, vie et pouvoir fécondant. Dans chacun de ces rapports, il se trouve dans une situation analogique avec d'autres objets également symboles de chaleur, ou de vie, ou de fécondation. En un sens, il s'oppose à la lune, astre nocturne, mais dans un autre, il s'oppose à la terre qu'il irradie. Le monde des objets est donc aussi un monde de symboles. L'enfant peut dessiner un lion parce qu'il vient d'en voir un. Mais pour lui, le lion est porteur d'un sens qui le distingue des autres animaux. Le bestiaire enfantin, comme celui du fabuliste, est le symbole d'un monde humain et chaque espèce reflète telle ou telle particularité caractérologique. Ce domaine de l'imaginaire qui tient une si large part dans la vie de l'enfant s'exprime tout naturellement dans ses dessins.

Il serait inexact de confondre interprétation symbolique du dessin et interprétation psychanalytique. Cette dernière utilise l'interprétation symbolique, mais n'en a pas le privilège.

Nous verrons d'ailleurs que ces deux modes d'interprétation ne se distinguent pas par des contenus différents, mais par des références topologiques distinctes.

Lorsque l'enfant nous présente, dans un univers d'animaux féroces, l'araignée comme la bête la plus redoutable, parce qu'elle tue par plaisir et non par faim, il faut prendre ce thème au pied de la lettre et lui garder sa dimension de symbole avant même d'avancer une interprétation psychanalytique. C'est bien là le registre des recherches de Gaston Bachelard et dont Gilbert Durand nous a donné, voici quelques années, une magnifique recension[14].

La valeur narrative du dessin, outre des références à l'actualité, a surtout une signification symbolique. Elle nous montre la manière dont l'enfant, à travers les choses, vit les significations symboliques qu'il leur prête. C'est l'ensemble de son monde imaginaire qui se reflète dans son dessin. Ce qu'il ne peut nous dire de ses rêveries, de ses émois dans les situations concrètes, il nous l'indique par ses dessins.

On l'observe d'autant mieux si on ne se contente pas d'étudier un dessin isolé, mais si on procède à une analyse comparative d'une série de dessins du même enfant en recherchant les thèmes communs. On attachera également une grande importance à ses commentaires.

En pratique, il s'agit là d'un registre de signification dont il est fait un large usage dans les psychothérapies de l'enfant. L'adulte peut nous parler du sens qu'il accorde aux situations qu'il vit, il peut nous exprimer les thèmes de ses rêveries, les images qui le captivent. Il s'agit là d'un «matériel» sur quoi le psychothérapeute se fonde. Chez l'enfant, pareille expression verbale est impossible, le dessin y supplée en grande partie, à la condition que l'enfant nous fournisse lui-même les explications, ou évoque librement devant nous ce que le dessin représente pour lui.

Le point de vue psychanalytique apparaît quand, étudiant le contenu des dessins de l'enfant, nous voyons que le choix de certains objets, de certains thèmes, de certaines particularités stylistiques sont inexplicables pour lui. On ne peut plus parler ici de leur valeur narrative, sinon en considérant que l'histoire racontée s'inscrit dans un registre de pensée différent du système de pensée conscient.

Ce registre ne dispose pas de procédés expressifs qui lui sont propres. Au niveau des particularités formelles les plus élémentaires, du choix des couleurs, peuvent entrer en jeu ces fantasmes inconscients. Ce nouveau plan d'expression n'est donc pas distinct des précédents, il les implique et se superpose à eux. C'est dans la motivation que réside la différence : au lieu de s'inscrire dans le registre conscient de pensées et de sentiments auquel il nous est permis d'accéder par une analyse réflexive, elle est issue d'un registre de pensées inconscient auquel nous ne pouvons accéder que par des procédés déductifs. Ce sont ceux qui seront envisagés dans le chapitre suivant.

Avant d'aborder ce temps déductif de l'interprétation, essayons de résumer ce que la lecture du contenu manifeste du dessin nous montre de la personnalité, de l'affectivité et de la vie imaginaire de l'enfant.

Le premier temps de la lecture consiste à identifier les objets figurés et la scène qu'ils représentent. C'est là un travail commun à la lecture de toute image. Il repose non sur un code conventionnel conférant à chaque signe son sens, mais sur un certain rapport d'analogie entre les formes dessinées et ce que nous connaissons par la perception des objets réels.

Ces analogies sont saisies par nous en raison d'un long usage de la lecture des images. Et nous avons appris à reconnaître derrière quelques traits l'image complexe et confuse que nous donne la perception. Ce travail d'identification, en raison de son aisance, échappe le plus souvent à l'observation. Il ne se révèle que lorsque nous examinons le dessin d'un enfant très jeune ou d'un enfant psychotique. Nous pouvons alors vérifier que nous procédons de manière déductive en posant une hypothèse que nous chargeons notre vue de vérifier, quitte à faire subir à l'image quelques distorsions perceptives pour que le dessin concorde le mieux possible avec l'interprétation proposée. Si cette identification de l'image est trop difficile, nous pouvons chercher une nouvelle hypothèse qui lui est plus conforme. Mais, répétons-le, un tel travail ne s'observe que pour des formes équivoques, en général l'identification des formes est facile en raison d'une iconographie commune à la plupart des enfants dans notre contexte culturel.

L'histoire ainsi racontée est déjà révélatrice de l'activité imaginaire et nous devons nous demander quels sont les mobiles qui ont poussé l'enfant à nous représenter ce thème plutôt qu'un autre. L'enfant, s'il n'est pas trop intimidé, peut très souvent nous fournir une ou plusieurs explications. Il y a, en effet, souvent surdétermination des mobiles.

Il ne suffit pas d'observer ce qui est signifié, mais également d'étudier avec soin les particularités formelles : la taille, la forme des personnages, des animaux, des maisons, des bateaux a une valeur narrative. Si, pour figurer une mère et son enfant, le dessin montre un écart de taille exagéré, nous pourrons supposer que cela correspond à une préoccupation, au moins implicite de l'enfant.

Si nous avançons dans notre analyse, nous constatons que, parallèlement à ce travail d'identification, se développent en nous une série de réactions affectives. Le thème choisi évoque des pensées agréables ou désagréables et bien d'autres facteurs concourent à nous laisser une impression d'ensemble. Tel dessin laisse une impression de gaieté, d'équilibre, d'humour, tel autre, par son tragique ou son dénuement, nous déplaît, tel autre enfin, par ses bizarreries, ses incongruités, ses thèmes morbides, peut créer un véritable malaise. Ici interviennent les objets représentés, la scène qu'ils animent et les éléments stylistiques comme le choix de la couleur, l'usage de l'espace, le caractère allusif de certaines représentations. Ce qui semble à l'œuvre ici, c'est donc l'ensemble des particularités stylistiques qui font du dessin le reflet d'une certaine vision du monde, à laquelle nous pouvons être plus ou moins sensibles. Nous pouvons alors les analyser.

D'autres éléments interviennent qui relèvent d'une activité graphique plus fondamentale : la manière dont une fraction de l'espace est occupée par des formes et des couleurs qui lui donnent un sens, indépendamment de ce qu'elle représente. Cette activité reflète une certaine manière d'être du sujet et son mode d'organisation de l'espace qui ne relève pas seulement de mécanismes intellectuels mais de sa sensibilité.

Plus fondamental encore et nécessitant de notre part un effort d'attention, l'examen des traits et des taches colorées nous montre, sous son aspect le plus élémentaire, les traces du geste graphique. Enfin, nous serons tentés de prêter à ce dessin une valeur symbolique et, au-delà des objets représentés, nous chercherons des correspondances, des significations métaphoriques, des évocations qui nous entraîneront sur une voie aussi riche qu'incertaine.

Ces différents temps qui marquent pour l'observateur la lecture du dessin contribuent donc à nous donner de l'enfant une connaissance qui déborde celle de ses aptitudes pratiques à figurer la réalité par l'image. Elle porte sur ses relations affectives au monde qui l'entoure, ses mouvements d'approche ou de retrait, d'appétence ou de crainte qui marquent son rapport aux êtres et aux choses.

NOTES

[1] Didier Anzieu, *Les méthodes projectives*, PUF, 1960.
[2] Roger Mucchielli, La notion de projection, *Bulletin de Psychologie*, 225-XVII-2-7, 1963.
[3] Henri Wallon, La kinesthésie et l'image visuelle du corps propre chez l'enfant, *Bulletin de Psychologie de l'Université de Paris*, 7, 239, 46, 1954.
[4] Renée Stora, Étude historique sur le dessin comme moyen d'investigation psychologique, *Bulletin de Psychologie de l'Université de Paris*, 225-17-2-7.
[5] C. Biedma et P. d'Alphonso, *Le langage du dessin : test de Warteg-Biedma*, Delachaux et Niestlé, 1955, 142 pages.
[6] Rose H. Alschuler et Berta Weiss Hattwick, *Painting and personnality*, University of Chicago Press, 2 vol., 1947.
[7] Noël Mouloud, *La peinture et l'espace*, PUF, 1964.
[8] René Huyghe, *Dialogue avec le visible*, Flammarion, 1955.
[9] Georges Matore, *L'espace humain*, La Colombe, 1962.
[10] *Van Gogh, les relations entre sa vie, sa maladie*, Mémoire publié in *L'Évolution psychiatrique*, 1932; réédité par les soins du Dr E. Minkowski dans une plaquette, Éditeur Presses du Temps Présent, 1963.
[11] Cité dans la préface rédigée par le Dr E. Minkowski, in *op. cit.*, 1963.
[12] Dr Denise Osson, Le dessin, voie d'accès à la personnalité de l'enfant, *Les cahiers de l'enfance*, 12e année, n° 99, p. 45 à 57.
[13] L. Lurçat et Henri Wallon, Entretiens sur le dessin de l'enfant, *Cahiers du Groupe Françoise Minkowska*, décembre 1963.
[14] Gilbert Durand, *Les structures anthropologiques de l'imaginaire*, PUF, 1960.

Chapitre 4
Dessin et inconscient

Le terme d'inconscient recouvre des réalités très différentes. Quand l'enfant dessine, il ignore comment fonctionnent ses muscles et son appareil nerveux, il ne sait rien des lois de la perspective qu'il applique, enfin, les données sociologiques et culturelles qui influencent son style lui sont inconnues. On peut donc qualifier d'inconscient des mécanismes psychophysiologiques, psychologiques ou sociologiques, et nous avons déjà vu comment l'interprétation du dessin devait en tenir compte.

Mais lorsque nous parlons habituellement d'inconscient, nous avons en vue le concept psychanalytique qui intéresse un ordre de processus psychiques tout à fait distinct.

Il s'agit, en effet, comme nous allons le préciser, d'un second registre de pensée, tout aussi organisé que celui que nous livre la conscience réflexive et qui possède sa cohérence propre.

C'est le registre que nous révèle l'exploration psychanalytique et que le dessin exprime, vraisemblablement de manière privilégiée.

Freud lui-même s'était assez peu intéressé au dessin d'enfant. Il en rapporte un exemple dans le premier cas publié de psychanalyse d'enfant, celle du «petit Hans»[1], mais ne s'arrête pas aux particularités de l'expression plastique. C'est dans le domaine de l'art que celles-ci l'ont retenu, dans ses travaux sur le *Moïse* de Michel-Ange et sur l'œuvre peinte de Léonard de Vinci. Il a su, dans ces cas, montrer comment une particularité formelle pouvait s'expliquer par des motivations affectives inconscientes. Les premiers psychanalystes d'enfant ont prêté une plus grande attention au dessin, sans toutefois le distinguer clairement du jeu en général. Et dans un ouvrage assez récemment publié de Mélanie Klein[2], nous voyons que dessin et jeu sont conjointement interprétés sans que l'auteur paraisse intéressé à différencier élaboration plastique et activité ludique.

C'est, semble-t-il, en France que certains psychanalystes ont mis l'accent sur le caractère privilégié du dessin comme mode d'expression de l'inconscient.

En 1926, le Dr Heuyer confie à Sophie Morgenstern le soin de traiter par psychanalyse un garçon de 9 ans qui, depuis 2 ans, présente un mutisme de nature névrotique. L'enfant préfère à tout autre mode de communication le dessin, et c'est par l'observation de ses dessins que madame Morgenstern pénètre peu à peu dans ses terreurs et ses conflits psychologiques qui semblent à l'origine du mutisme[3].

Les dessins représentaient des scènes de violence : meurtres, attaques d'animaux féroces, supplices, etc. Puis apparut un thème central : celui d'un homme à mine patibulaire armé d'un couteau. Les scènes d'agressions se cristallisèrent sur ce thème du couteau : objets coupés, mutilations, interventions chirurgicales.

C'est ce matériel qui permit à madame Morgenstern d'insister sur l'importance de l'angoisse de castration et de l'interpréter.

Le grand intérêt de cette observation vient de ce que l'auteur nous livre d'abord les dessins et ses interprétations, puis nous indique ce que le garçon lui-même a pu dire de ses dessins après que son mutisme ait été levé. Les interprétations de la psychothérapeute reposent en partie sur le thème du dessin et l'histoire qu'il illustre, également sur les significations symboliques que son expérience psychanalytique lui permettait d'attribuer à ces mêmes thèmes, enfin, et surtout, sur les enchaînements des dessins entre eux et sur leur enchaînement avec ses propres interventions. En effet, après qu'elle ait proposé à l'enfant une interprétation portant sur un dessin ou sur son comportement du moment, le jeune patient reprenait le crayon et faisait un nouveau dessin, qu'elle supposait à bon droit être une réponse à sa propre intervention. L'auteur conclut, à partir de ces données cliniques, que l'on retrouve dans l'élaboration du dessin les mécanismes spécifiques de l'inconscient au sens psychanalytique.

Après cette première observation, Sophie Morgenstern poursuit ses recherches et les rapporte dans son livre[4]. Elle insiste d'abord sur les analogies entre le dessin, le jeu et les rêves. Elle montre que le dessin et le jeu ont, chez l'enfant, une valeur expressive qui dépasse celle du langage. Celui-ci, d'ailleurs, obéit à des lois différentes du langage de l'adulte, ce qui ne va pas sans causer d'importants malentendus. Derrière ces modes d'expression, c'est la pensée même de l'enfant qui diffère de celle de l'adulte. Elle serait beaucoup plus proche de celle du schizophrène ou du primitif, symbole et réalité s'y confondent. Aussi ne suffit-il plus de se référer à notre système de pensée logique : il faut procéder à l'interprétation des symboles.

Ce que l'interprétation symbolique des rêves permet pour l'inconscient de l'adulte, le déchiffrage du jeu, des dessins et des récits imaginaires le permettrait chez l'enfant. Car, chez lui, dans ses activités conscientes, les fantaisies inconscientes s'expriment en toute liberté, en raison de son mode de pensée prélogique.

Parmi les symboles, ceux d'origine sexuelle jouent évidemment un rôle important, et c'est du travail de Sophie Morgenstern que date cette symbolique des objets phalliques, des angoisses de castration, des préoccupations orales ou anales, qui, aux yeux de beaucoup, passent pour être la contribution majeure des psychanalystes à l'interprétation des dessins.

Dans ce livre, d'ailleurs, l'interprétation symbolique n'exclut pas l'étude des moyens expressifs que nous avons analysés plus haut.

Mais une des idées les plus intéressantes de madame Morgenstern est l'explication qu'elle donne du caractère privilégié du dessin comme voie d'accès à l'inconscient : sa fonction de sublimation. Pour l'enfant, le dessin serait déjà comparable à l'œuvre d'art de l'adulte, et réaliserait une tentative pour dépasser les exigences pulsionnelles et leur trouver une issue dans une œuvre à visée «sociale».

Les recherches de Sophie Morgenstern eurent pour effet, en France, de stimuler chez les psychanalystes d'enfants un grand intérêt théorique pour le dessin.

Il faut citer les travaux de Françoise Dolto-Marette[5].

La théorie du symbolisme du dessin trouve ici deux correctifs. Le premier concerne les symboles communs à tous les enfants. Sophie

Morgenstern proposait une interprétation générale valable pour tout matériel symbolique. Par exemple, les panaches démesurés des locomotives seraient l'indice des préoccupations anxieuses de l'enfant concernant ses organes sexuels et sa crainte de la castration. De telles interprétations s'appuyaient sur l'observation de plusieurs cas analogues. Françoise Dolto propose une véritable technique expérimentale qui consiste à repérer dans chaque dessin tous les éléments signifiants, puis à comparer entre eux les dessins de divers enfants pour vérifier si des particularités formelles données peuvent correspondre à une analogie entre les cas cliniques. À un déchiffrage du symbole lié uniquement aux associations de pensée de l'enfant ou du psychanalyste, Françoise Dolto substitue une étude comparative plus objective.

Autre correctif à la théorie du symbole; elle met l'accent sur la valeur projective du dessin. Non seulement l'enfant exprime certaines pensées ou certains sentiments, mais c'est une image totale de lui-même qu'il projette sur le dessin. Dans son premier travail, madame Dolto emprunte aux idées de Jung et d'Adler aussi bien qu'à celles de Freud, les éléments de cette séméiologie projective. Par exemple, la disposition du dessin, sur un même plan ou sur plusieurs axes permet d'apprécier la cohésion ou le degré de scission de la personnalité. De même, la présence ou l'absence de limites ou celle d'un cadre spécifie son degré d'harmonie avec le monde ambiant. Les concepts psychologiques dont se sert ici madame Dolto sont en partie ceux d'Adler. De même, la correspondance qu'elle propose entre certaines images et la nature de la vie psychique relèvent de la psychologie jungienne. Progressivement, elle a attaché une importance croissante à cette valeur projective de l'image de soi dans le dessin, mais en s'inspirant de plus en plus exclusivement de la psychanalyse freudienne.

En effet, quand elle se réfère à la notion d'image du corps, elle ne l'assimile pas à celle de schéma corporel. L'image du corps a une signification dynamique, elle rend compte non de la représentation que nous nous faisons de notre corps, mais des intérêts que nous lui portons. Or, ceux-ci varient selon la partie du corps : l'enfant peut attacher un très grand intérêt à la zone buccale, les sensations qui proviennent de cette région sont alors intenses et sources d'un plaisir érotique, on dira que l'investissement libidinal de la zone orale est prévalent. À chaque âge, l'enfant a donc de son corps une image dynamique qui résulte des divers investissements libidinaux qu'il fixe sur les différentes parties du corps.

Comme nous saisissons le monde ambiant à travers notre corps, la relation de l'enfant à celui-ci exprime aussi ses relations libidinales aux objets du monde extérieur. Ces données spécifiquement freudiennes sont appliquées par madame Dolto à l'interprétation du dessin. L'image du corps trouverait dans l'expression plastique (dessin ou modelage) un lieu privilégié de projection : «Cette image est une synthèse vivante à tout moment actuelle de nos expériences émotionnelles répétitivement vécues à travers les sensations érogènes électives, archaïques ou actuelles de notre corps et dont un émoi évocateur actuel oriente le choix inconscient des associations émotionnelles sous-jacentes qu'il permet de laisser affleurer»[6]. L'image du corps est donc le reflet de tout ce que le sujet a vécu dans ses relations à son entourage, non seulement dans ce qu'il a senti, mais dans ce qu'il a symboliquement saisi.

Elle ne s'exprime pas seulement dans les autoportraits ou dans les dessins de personnages, mais dans toutes les représentations d'objets, de végétaux, d'animaux, voire dans un dessin non figuratif.

C'est ainsi que l'organisation de l'espace graphique, qui devient symbolique de l'image du corps, est par là expressive de toute la personnalité et de ses rapports avec autrui.

On peut reprocher à ce point de vue de considérer d'emblée le dessin comme un tout achevé qui globalement révèle l'enfant, alors que l'élaboration dans le temps fait du dessin terminé une réalisation nécessairement éloignée de ce qui effectivement s'est déroulé dans l'esprit de l'enfant. En outre, en privilégiant les rapports projectifs avec l'image du corps, il n'est pas sûr que l'on tienne compte de tous les mécanismes inconscients à l'œuvre dans l'élaboration du dessin. Il faut d'ailleurs remarquer que l'influence de madame Dolto dans le domaine du dessin libre dépend plus encore que des textes publiés, de son enseignement clinique oral. Comme elle-même l'a toujours souligné, la compréhension du dessin suppose tout le contexte clinique.

Sur ce point, Juliette Boutonnier a également insisté dans son livre[7]. Parmi les vues originales qu'elle y développe, citons sa mise en garde contre toute interprétation psychanalytique qui se ferait indépendamment de tout le contexte de la psychothérapie, l'importance qu'elle accorde au fait que le dessin est un dessin destiné à autrui. Enfin, elle insiste sur l'intérêt d'observer et d'analyser l'élaboration du dessin : «Avec les enfants très jeunes, le dessin est souvent fécond en surprises, car le thème change à mesure qu'ils dessinent et ils racontent une véritable histoire qui leur fait transformer, modifier, surcharger le dessin. Il est bien évident que, dans ce cas, l'œuvre serait absolument incompréhensible si on ne notait pas au fur et à mesure les commentaires de l'enfant; ces commentaires nous paraissent parfois tellement riches, même et peut-être surtout chez des sujets qui ne sont pas très doués intellectuellement, que nous trouvons profondément arbitraire de s'en tenir au graphisme seul pour apprécier la mentalité d'un enfant.»

L'interprétation psychanalytique ne méconnaît donc pas les pouvoirs expressifs et projectifs du dessin. Elle lui confère un sens supplémentaire en les reliant à une activité psychique inconsciente.

De même, le répertoire des objets, le choix des thèmes prennent une dimension symbolique nouvelle. Or, si l'interprétation psychanalytique fascine le grand public qui lui prête un air de divination quelque peu suspect, il faut aussi convenir que lorsqu'un lecteur qui n'est pas initié lit dans un document clinique, ou le récit d'un traitement, l'usage que le psychanalyste fait du dessin, il en résulte, pour le moins, une certaine incompréhension. Quant aux spécialistes du dessin, s'ils ne manquent pas de réserver un chapitre à l'interprétation psychanalytique, les critiques qu'ils portent à la méthode montrent que les bases méthodologiques leur échappent souvent.

Enfin, les psychanalystes eux-mêmes, trop souvent préoccupés du sens, et moins exigeants quant aux fondements logiques de la méthode, facilitent cette incompréhension en s'exposant à des extrapolations dangereuses.

Aussi, une étude psychanalytique du dessin et de ses rapports avec l'inconscient ne peut être entreprise sans que soient au départ précisés un certain nombre de points de théorie et de méthode.

Nous serons amenés ainsi à rappeler ce qui caractérise pour l'essentiel le processus de pensée inconscient, à en étudier les marques dans l'élaboration du dessin, à comparer ce qui s'y déroule avec les mécanismes de l'imagination et du langage. Ensuite, nous aborderons la nature et la fonction du fantasme, ses relations avec le désir, avec le mécanisme du refoulement. Ceci nous conduira à préciser quelles règles le psychanalyste doit observer pour interpréter le registre inconscient du dessin. Nous serons ainsi conduits à comparer la fonction du rêve, du mot d'esprit et du dessin.

LE PROCESSUS PSYCHIQUE INCONSCIENT

Le dessin, a-t-on dit, est un jeu. Du jeu, il partage en effet le sérieux et la fantaisie. L'application que l'enfant met à dessiner, l'intérêt extrême qu'il y porte, tout montre que, comme pour le jeu, l'enfant déploie dans l'activité graphique un esprit très éloigné d'un simple divertissement. Mais la fantaisie règne également. Il suffit pour s'en assurer d'observer la composition d'un dessin : un bateau se voit orné de drapeaux, puis de marins qui pêchent, la mer alors se peuple de poissons, l'attention se tourne sur eux, fixant sur le papier de nouvelles scènes sous-marines sans aucun rapport avec le bateau initial. Un trait maladroit défigure une barque que l'enfant projettait de mettre, qu'à cela ne tienne, la barque deviendra rocher et sur le rocher, on édifiera un phare.

Ce qui peut paraître une mobilité exagérée de la conscience, doit-on l'attribuer au hasard seul ? À poser ainsi la question, on voit que les mobiles du dessin rejoignent ceux du jeu et le paradoxe que fait découvrir l'apparente antinomie entre sérieux et gratuité du jeu s'éclaire avec l'hypothèse d'une activité psychique inconsciente.

En effet, lorsque nous étudions le contenu des dessins et les raisons de leur choix, nous voyons que, si pour une part, les motifs de ces choix n'échappent pas à l'enfant, d'autres lui paraissent relever du hasard. Pourquoi a-t-il choisi de figurer telle maison, pourquoi dispose-t-il tel groupe de personnages ? Il ne trouve d'abord rien à répondre. Mais si nous avons la chance de nous adresser à un enfant assez doué ou pas trop inhibé, il pourra à l'occasion de ce dessin évoquer les souvenirs qui sont à l'origine de son choix et nous livrer des fantaisies que son imagination a l'habitude d'entretenir et qui se projettent dans la scène dessinée. Nous devons nous demander en fonction de quelles lois ces souvenirs ou ces fantaisies ont prévalu, entraînant la production de ce dessin au détriment d'autres thèmes également présents dans la conscience de l'enfant.

Cette question, en fait, est analogue à celle que l'on peut se poser à l'égard des rêves, des rêveries diurnes et, en général, de toute production de l'esprit qui ne paraît pas étroitement déterminée par les exigences de la situation du moment. On sait que ce sont précisément ces productions psychiques qui ont été chez Freud l'occasion, puis le sujet de son étude de l'inconscient. Si, au départ, Freud avait supposé l'existence d'un tel processus psychique dans les symptômes névrotiques et tout particulièrement dans les symptômes de l'hystérie, c'est très vite qu'il s'aperçut que ce qui était à l'œuvre chez les malades dans la formation de leurs symptômes constituait une activité générale de l'esprit, présente chez tous les individus plus clairement dans une série de productions que, jusqu'à présent, on tenait pour un pur chaos. L'interprétation des rêves fut pour Freud le moyen d'accès privilégié de l'inconscient.

Il ne saurait être ici question de résumer la théorie psychanalytique de l'inconscient. Rappelons seulement qu'à son terme, on peut opposer deux modes de pensée. L'un, plus élaboré, obéit aux règles de la logique et est accessible à notre conscience. Il représente le processus psychique secondaire. Mais, échappant à notre conscience, radicalement dissimulé à tout effort de réflexion introspective, un autre type de pensée opère parallèlement au premier, c'est celui que l'on retrouve à l'œuvre dans l'élaboration du rêve et du mot d'esprit, c'est celui que l'on invoque pour expliquer les lapsus, les actes manqués.

Avant d'en retracer les lois de fonctionnement, voyons d'abord comment il se manifeste dans l'élaboration du dessin. Examinons, par exemple, le dessin A, c'est celui d'une fillette de douze ans qui vient à une première séance de psychothérapie. Il s'agit d'un enfant qui présente d'importants troubles du caractère et qui souffre de la dissociation du foyer de ses parents survenue quelques années plus tôt. À l'observation du dessin, nous notons la présence au premier plan d'un arbre énorme au large tronc, à ses pieds une petite maison au toit pointu, au second plan une route pavée sur laquelle chemine une voiture. Le ciel, le soleil, des petites herbes paraissent accompagner ce paysage. Pourquoi l'enfant a-t-il choisi de faire figurer l'arbre au centre de son dessin ? Pourquoi la maison paraît-elle si petite à ses côtés ? Que signifie la voiture ? Écoutons plutôt ce que l'enfant en dit : la maison regarde l'arbre — dans la maison, une petite fille et sa maman — elles sortent pour aller faire des courses et prennent le taxi qui les déposera dans la ville car la maison est isolée — le taxi lui rappelle celui qu'elle prend presque chaque jeudi pour aller voir sa maman — elle est contente de s'y rendre. (Nous voyons ici que l'histoire que l'enfant raconte à propos du dessin est en rapport avec une partie de sa situation réelle.) Elle reprend la description du dessin : la maison n'est pas encore terminée, mais il y a une salle à manger, une chambre pour la petite fille, une chambre pour la maman, la fenêtre de cette dernière est celle qui regarde du côté de l'arbre. Et l'arbre ? lui demande-t-on, que fait-il là ? Elle ne sait pas. Il lui rappelle les gros arbres qu'elle a l'habitude de voir dans la forêt de Chantilly où elle se rend chaque dimanche avec son papa.

Sans doute, dira-t-on, la jeune patiente projette sur le dessin son problème familial et on sera tenté de voir dans le fait que la petite fille du récit habite avec sa maman, l'expression consciente de son désir de vivre avec sa mère. Cela n'est pas si simple, car lorsqu'on lui demande si la petite fille du dessin est contente d'être avec sa maman, elle répond affirmativement, mais si on lui demande si la petite fille, c'est un peu elle, elle répond par la négative, car, dit-elle : «Moi, je m'ennuierais.»

Dailleurs, sur la demande du médecin, elle invente une histoire à propos du dessin : la maison serait vide — la petite fille et la maman sont en vacances — elles ont laissé la maison à des amis, un papa, une maman et une petite fille qui s'occupent très bien de la maison et tout le monde est content. On pourrait voir là le désir qu'a l'enfant de vivre dans un foyer normal, mais notons que, dans ce cas, c'est la maison elle-même qui symboliserait le désir, puisque la première petite fille part avec sa maman et que c'est une autre petite fille qui vient avec ses parents. Il faut aussi noter que notre jeune patiente est effectivement hébergée dans un foyer composé de parents et d'une petite fille. Si, dans son récit, elle exprime sa satisfaction d'être hébergée au foyer de ce couple uni, on voit qu'il devient difficile de préciser où se projette notre patiente dans le récit qu'elle nous donne. Elle est à la fois la petite fille qui est avec sa maman et la maison dont prend soin ce ménage uni. Elle est peut-être aussi la petite fille qui aimerait être avec ses parents réunis, mais alors le couple à qui est laissé le soin de la maison représente à la fois le couple qui l'héberge et le couple parental idéal qu'elle souhaiterait retrouver.

Ce dessin pose de la manière la plus nette la question de ses rapports avec ses parents tels que notre patiente peut les souhaiter ou les constater avec amertume.

Imaginons un instant que ce soit consciemment qu'elle ait voulu représenter par un dessin sa situation familiale et les sentiments qu'elle éprouve, elle aurait alors choisi une scène exemplaire : elle-même en visite chez sa mère ou chez son père. Elle aurait pu choisir également une allégorie, par exemple un oiselet voletant entre deux nids. En fait, ce sont là des suppositions peu vraisemblables, car on voit mal un enfant choisir consciemment pour thème une situation familiale qui lui cause de telles peines. Cette supposition, toute théorique qu'elle soit, nous montre que si l'intention consciente de l'enfant avait correspondu à ce qu'il nous livre, nous aurions une représentation où le thème signifié s'exprimerait selon de toutes autres règles. La scène se déroulerait dans un temps déterminé, en un lieu précis, dans un espace cohérent, nous ne trouverions aucune ambiguïté dans la place ou l'identité des personnages; la scène nous paraîtrait réaliste.

Dans le dessin que nous étudions, ces règles sont respectées, mais elles concernent seulement le thème manifeste, visible d'emblée, c'est-à-dire le paysage : la construction de celui-ci n'est marquée d'aucune faute de logique, d'aucune ambiguïté. C'est seulement quand nous cherchons à lire autre chose dans ce dessin que ce qui y est apparent, comme la petite patiente nous y invite par toutes les pensées qui spontanément viennent à elle, que nous sommes obligés de recourir à un autre système de pensée. Ici, le temps n'est plus déterminé : nous voyons la maison être à la fois le lieu où se déroule la rencontre de la mère et de la fille et le lieu où un ménage uni vient habiter. De même, l'identité et la place des personnages sont équivoques. Tout ceci crée des contradictions qui ne gênent nullement la patiente. Le non-respect des catégories usuelles du temps, les libertés prises à l'égard du principe de non-contradiction montrent que, si le processus de pensée inconscient a sa logique, celle-ci s'oppose à la logique de nos processus de pensée conscients.

En fonction de quoi s'ordonne la cohérence possible de ce discours inconscient que l'enfant exprime à travers son dessin ? À cet égard, ce qui ne peut manquer de nous frapper, c'est le rôle tenu par certains objets qui servent de véritables points d'appel pour des significations multiples : l'arbre symbole du «côté du père», la maison symbole de la relation ou du couple «mère et fille», mais également «demeure» de la fille pour autant que peut prendre soin d'elle l'une ou l'autre instance parentale. Le taxi sur la route signifie l'éloignement de la mère, mais aussi la possibilité de la retrouver et d'être avec elle. Enfin, une des fenêtres de la maison signifie ce regard que la maison tourne vers l'arbre et plus précisément celui de la chambre de la mère.

Le plus remarquable dans l'articulation de ces pensées inconscientes est donc la place très particulière qu'y tiennent ces objets. Dans un texte écrit, un mot possède une signification équivoque, mais à mesure que les commentaires complètent le texte, la signification se précise. Ici, au contraire, plus nous approfondissons les significations sous-jacentes à l'image, plus nous constatons que les signes que constituent les objets représentés servent de support à des associations d'idées divergentes. La maison, par exemple, est à la fois symbole du couple mère/fille et symbole de la fille soignée par le ménage nourricier. Bref, l'objet représenté est un symbole qui renvoie à des significations multiples. Selon la terminologie utilisée par Freud à propos du rêve, nous pouvons dire qu'il se produit autour de l'image une *condensation* de significations (*Verdichtungsarbeit*). Rappelons la définition qui en est donnée dans l'*Interprétation des rêves* : «Le rêve est bref, pauvre, laconique, comparé à l'ampleur et à la richesse des pensées du rêve.» Il en est de même pour le dessin.

L'aptitude à condenser des significations multiples sur un seul objet n'est pas le seul moyen dont l'image dispose pour s'articuler avec ses significations. Le dessin A nous montre un autre exemple : l'arbre évoque la figure paternelle non pas directement comme dans une allégorie, mais par un jeu de *déplacement*. Il fait penser aux autres arbres d'une forêt qui appelle à son tour la présence du père. Cette fois-ci, l'élaboration du dessin procède comme celle du rêve par le travail de *déplacement* (*Verschiebungsarbeit*). Freud nous dit : le rêve est autrement «centré» que la pensée qui l'anime. Ici, la représentation du père s'est déplacée sur celle d'une forêt, cadre fréquent de leurs rencontres, puis sur un seul arbre de cette forêt.

Il est donc facile de retrouver dans l'élaboration inconsciente du dessin le travail de condensation et de déplacement dont Freud nous a montré qu'ils constituaient «les deux grandes opérations auxquelles nous devons la forme de nos rêves». L'une des tâches principales de sa recherche entre 1900, date de la parution de l'*Interprétation des rêves*, et 1913, date de son article sur l'*Inconscient*, est la découverte de mécanismes identiques à ceux du rêve dans un certain nombre de productions psychiques comme le mot d'esprit ou les lapsus.

Les retrouver à l'œuvre dans l'élaboration du dessin soulève deux objections. La première consiste à observer que les associations de pensée de l'enfant concernant son dessin suivent celui-ci. Nous concluons peut-être trop vite que les mêmes pensées ont dû précéder ou accompagner l'élaboration du dessin. Cette objection pourrait d'ailleurs s'appliquer à l'interprétation du rêve lui-même, et, à ce propos, Freud y a répondu. On peut supposer que des pensées qui viennent si spontanément à l'évocation du dessin ne peuvent pas ne pas avoir été également présentes au moment de son élaboration, car elles ne sont reliées à aucun événement nouveau qui aurait pu intervenir entre l'exécution du dessin et son interprétation. D'autre part, les associations de pensée consécutives au dessin sont libres, elles ne sont déterminées par aucune orientation délibérée, or, c'est dans les mêmes dispositions que l'enfant a conçu et élaboré son dessin et cette identité de situation doit favoriser la répétition des mêmes fantaisies, pendant et après le dessin. À ces arguments de vraisemblance, Freud ajoutait un argument d'expérience : lorsque, chez un névrosé, hystérique en particulier, les associations de pensée lui permettaient de trouver un sens au symptôme, celui-ci disparaissait, montrant bien que, dans ce cas, il y avait identité entre les pensées inconscientes qui étaient à l'origine du symptôme et celles qui apparaissaient lors des associations du malade; «de là à traiter le rêve comme les autres symptômes et à lui appliquer la méthode élaborée pour ceux-là, il n'y avait qu'un pas».

La deuxième objection rejoint celle que Freud a lui-même posée à propos de son étude sur le *mot d'esprit*[8]. En retrouvant dans les mécanismes du mot d'esprit, comme dans ceux du dessin, les processus présents dans la formation des rêves, on pourrait objecter qu'on les y retrouve d'autant plus facilement qu'on les cherche au départ. En fait, le risque, ici, est de limiter tendancieusement la signification du dessin, mais il est facile de voir que d'autres mécanismes sont à l'œuvre. Ceci ne saurait donc mettre en question le fait que des processus psychiques observables dans l'élaboration du rêve sont également observables dans celle du dessin.

Dire que les processus psychiques, inconscients au sens psychanalytique, sont structurés comme un discours, ne doit pas nous faire oublier leur nature d'éléments refoulés. Il s'agit seulement de représentations qui, à un moment donné, sont élidées de la chaîne des pensées conscientes. À leur place, en guise de substitut, s'installe un signifiant nouveau qui, d'une certaine manière, les symbolise. Si les processus inconscients sont donc faits de ces éléments élidés, on voit mal, en raison de leur caractère fragmentaire, comment ils peuvent s'organiser en un ensemble cohérent. Mais cette cohérence ne veut pas dire qu'ils constituent un système de langue pouvant rendre compte de la totalité des choses à signifier. Le fait que règnent ici en maîtres les processus de condensation et de déplacement montre qu'ils tirent au contraire leur cohérence de leur aptitude illimitée à se lier entre eux et à se substituer les uns aux autres. Aussi, lorsqu'on avance des hypothèses sur les représentations inconscientes sous-jacentes à l'élaboration d'un dessin, on donne un grand nombre de formulations diverses qui reposent sur un très petit nombre d'éléments représentatifs. D'autre part, si l'inconscient est structuré comme un discours, cela ne préjuge pas de la nature des signifiants qui y sont articulés. Dans la pensée consciente, nous savons l'importance des signifiants verbaux, les images n'y figurent en quelque sorte que comme illustration des signes verbaux. Dans le registre inconscient, en est-il de même ? Freud, à cet égard, est resté toujours prudemment vague, sauf dans un assez bref passage de son article de 1913 sur l'inconscient où il nous dit que si, dans le système préconscient-conscient, la représentation des mots est associée à la représentation des choses, «la représentation inconsciente est la représentation des choses seules» : au niveau inconscient, la représentation serait de l'ordre de l'image et non de l'ordre du signe verbal et, en somme, «les phrases» du discours inconscient seraient composées d'images. Mais que peut bien vouloir dire un discours composé d'images ? N'est-ce pas simplement revenir à la dichotomie classique, pensée par images, pensée par les mots, et alors la découverte freudienne reviendrait à redonner à l'imaginaire un rôle primordial dans l'esprit humain ?

Cette vie de l'imaginaire, que Bachelard a su si admirablement décrire dans son œuvre, est-ce celle que nous pouvons assimiler à l'inconscient freudien ? Lorsque Gilbert Durand, dans l'introduction de son livre sur les *Structures anthropologiques de l'imaginaire*[9], reprend à son compte les critiques de Piaget et écrit : «Le symbolisme, dans sa richesse, dépasse de beaucoup le mince secteur du refoulé et ne se réduit pas aux objets rendus tabous par la censure», il maintient une confusion entre le régime de l'imaginaire et la place de l'image dans les processus inconscients au sens freudien. Or, les évocations que nous permettent les images ne sont pas inconscientes, elles peuvent échapper à notre conscience claire, mais il nous est, par la réflexion, possible de les retrouver, elles appartiennent donc au système de pensées que Freud individualise sous le terme de conscient-préconscient. Sans être nécessairement conscientes, elles le sont virtuellement, prêtes à le devenir à tout instant, et sont régies par les lois de notre système conscient. C'est dire que les relations entre le discours intérieur et les images intéressent également notre système de pensées préconscient et notre système inconscient.

Dans le système de pensée inconscient, seuls quelques débris de ce monde imaginaire trouvent une place privilégiée. Ce sont eux que l'exploration de l'inconscient a pour devoir de révéler à celui qui les possède mais les ignore. Les pensées qui viennent à l'enfant à propos du dessin comme souvenirs, comme récit imaginaire, ne sont en rien inconscientes. Dans notre exemple, la fillette sait fort bien ce qu'elle éprouve à propos de sa situation familiale. Déjà beaucoup plus significatif est le fait que, venue consulter pour des troubles du caractère, s'adressant à un médecin qui est censé la soigner pour ces troubles, à travers un dessin de paysage, en apparence banal, c'est son désarroi de fille d'un foyer dissocié qu'elle exprime en premier lieu. Ce lien entre les troubles du caractère et la situation familiale est probablement en grande partie inconscient. C'est lui que nous exprime le dessin. Nous voyons donc que l'exploration de l'inconscient repose sur une exploration méthodique des chaînes associatives et de leurs rapports. Le dessin nous sert donc au même titre que les autres productions privilégiées (rêves, rêveries diurnes, symptômes) et chez l'enfant, il correspond aux libres associations de paroles de l'adulte par sa forme même et par les récits que l'enfant nous fournit à cette occasion. Quant aux thèmes proprement inconscients, ils se révèlent comme chez l'adulte par les rapprochements insolites, les répétitions injustifiées, les manques de cohérence significatifs que nous décelons.

Il ne peut donc être question de prétendre déchiffrer sur un seul dessin l'«inconscient» de l'enfant. Seule l'étude des associations de pensées et de la répétition des dessins a de la valeur. Par exemple, après le dessin A, notre jeune patiente, trois jours plus tard, fait le dessin B. L'analogie formelle avec le premier est évidente : l'arbre est remplacé par une plante s'épanouissant en trois fleurs irréelles. La maison est devenue une grande bâtisse aux nombreuses fenêtres, la multiplicité des cheminées fumantes souligne la pluralité des habitants, la ligne d'horizon se perd ici en haut du dessin. Là où étaient campés la route et le taxi, des formes bleues ovoïdes se multiplient. Le soleil, dans le coin supérieur droit, reste identique, des herbes et un champ de fleurs figurent la présence d'une végétation dans le quadrant inférieur gauche, comme dans le dessin précédent. Le récit de la patiente éclaire le dessin : la maison est un hôtel et ce que l'on pourrait prendre pour des feuilles bleues sont des poissons dans le ciel : c'est un rêve, et les gens qui habitent l'hôtel contemplent ce spectacle insolite. Ainsi, au dessin réaliste, évocateur de soucis familiaux bien réels, succède à travers une image analogue une rêverie pleine d'étrangeté.

L'observateur peut se laisser aller à bien des hypothèses. Les dessins suivants devaient enrichir et préciser ces thèmes : une semaine plus tard, elle dessine la maison de son père avec au mur une reproduction du portrait de Van Gogh à l'oreille coupée. Elle dira de ce portrait : je ne sais ce que c'est, c'est un homme malheureux. Le regard que la petite maison dirigeait sur l'arbre, que tous les gens de l'hôtel dirigeaient sur ces poissons volants, sera devenu son propre regard sur le dénuement psychologique de son père.

La pluralité des dessins permet ainsi de mettre en évidence des analogies formelles, des analogies de thème, des analogies de composition. On ne procède pas autrement dans l'interprétation des dessins que pour le déchiffrage d'une écriture ou d'une langue : plus nous disposons de fragments de textes, plus les comparaisons sont possibles.

Mais, pour l'interprétation de l'inconscient, le recours à une pluralité de dessins ne permet pas seulement des comparaisons. Au cours d'une psychothérapie, l'enfant, à chaque séance ou presque, produit un nouveau dessin. Chacun d'entre eux peut éclairer une hypothèse qui aura été avancée à la vue des dessins précédents, mais la succession de dessins se déroule dans un temps psychologique irréversible : celui de la relation qui s'établit et évolue entre le jeune patient et le psychothérapeute. Or, dans cette dynamique propre à l'expérience psychothérapeutique, il est possible de repérer certaines lois fondamentales, qui sont d'ailleurs communes à la psychothérapie de l'enfant et à celle de l'adulte.

Un enfant est conduit par ses parents pour un trouble dont il ne perçoit pas toujours la nature pathologique. Un adulte inconnu lui demande de s'exprimer comme il le désire sans aucune tâche précise. Le dessin, selon des modalités techniques variées, lui est proposé comme un de ces modes d'expression. L'enfant, dans cette situation, adopte des conduites diverses. L'une des plus fréquentes consiste à identifier la situation nouvelle à une situation scolaire. On lui suggère de faire un dessin, il doit faire un beau dessin. C'est dire qu'il choisira un thème familier, des objets pour lesquels il se sait une aptitude particulière à les bien représenter.

Ce premier dessin de l'enfant est donc souvent pour lui exemplaire, exemplaire par sa thématique, par sa forme, par ses particularités expressives. Il l'est aussi souvent par les thèmes affectifs inconscients qu'il recèle, mais nous ne pouvons le vérifier que rétrospectivement lorsqu'une connaissance plus approfondie du cas nous en aura donné confirmation. On s'aperçoit alors que de nombreux thèmes qui occupent ultérieurement une place importante étaient déjà présents de manière allusive dans le premier dessin. Celui-ci, telle une ouverture d'opéra, annonce en quelque sorte les développements ultérieurs. Les dessins qui vont suivre s'inspireront des mêmes préoccupations. Mais, à mesure que le temps avance, l'enfant est déçu par le silence du thérapeute. Puisque ses dessins ne reçoivent aucun commentaire, ni éloge ni critique, simplement une invitation à en parler et à laisser son imagination s'exprimer librement à leur propos, une question va nécessairement s'installer dans l'esprit de l'enfant, plus ou moins implicitement : que désire donc cet adulte, à travers la demande qu'il me fait de dessiner ?

Sur ce personnage inconsistant et inquiétant, l'enfant projette une série de sentiments : demande d'affection, d'intérêt, réaction agressive; il identifie le psychothérapeute à d'autres personnages, à d'autres «imagos» de son histoire personnelle. La situation est vécue comme reproduction d'autres situations du passé. Ainsi se constitue progressivement une névrose de transfert. Ce sont ses désirs les plus fondamentaux, ceux qui en lui touchent le plus étroitement le centre même de sa vie affective, qui chercheront à s'exprimer. Les représentations inconscientes, liées à des mécanismes de refoulement, sont en rapport avec cette partie nodale de la problématique affective de l'enfant.

Les dessins vont être influencés par cette dynamique affective. Sans but, sans consigne, l'enfant, avec plaisir ou désagrément, obéira à ses fantaisies du moment. Ses productions perdront en logique, en cohérence, elles gagneront en richesse projective. Les thèmes seront de plus en plus influencés par ses fantaisies prévalentes. Celles-ci appartiennent au système psychique préconscient-conscient et aussi au système inconscient. Les histoires que l'enfant dessine auront pour une part dans l'inconscient leur équivalent fantasmatique. L'élaboration du dessin constitue un compromis entre des thèmes qui tirent leur existence et leur logique de l'inconscient et les remaniements nécessaires pour qu'ils figurent dans un dessin cohérent et logique.

Si la pluralité des dessins nous aide à mieux voir les grands thèmes symboliques qui captivent l'enfant, elle nous permet aussi de comprendre la dynamique du transfert et de la régression qui le conduit à projeter dans la situation une problématique affective pour lui fondamentale.

Dans cette mesure, elle nous permet d'accéder aux fantasmes inconscients. D'un côté, nous améliorons le déchiffrage des formes signifiantes, de l'autre, l'enfant concentre sa thématique expressive sur les fantasmes inconscients.

De ce double mouvement procède, au moins dans les meilleurs des cas, l'interprétation de la part inconsciente de l'élaboration d'un dessin. Ceci, remarquons-le, démontre que, dans les rapports de l'inconscient et du dessin, deux points de vue sont également nécessaires. L'un, structural, tient compte des lois de fonctionnement d'un appareil psychique inconscient, tel que Freud nous a appris à l'étudier. Nous avons vu le rôle déterminant qu'y jouent les mécanismes de déplacement et de condensation, et la figuration symbolique. L'autre, dynamique, considère la vie pulsionnelle du sujet : non plus la forme des représentations refoulées, leur mode d'organisation, mais la finalité de leurs contenus, les désirs à quoi ils correspondent, les raisons de leur refoulement hors du champ du système conscient-préconscient.

Ici interviennent donc les désirs les plus fondamentaux du sujet. Et nous découvrons également de quelle manière ils s'expriment dans une relation à des objets dont nous attendons qu'ils les satisfassent. Cette relation s'établit entre un sujet désirant et un objet désiré, sous forme d'une histoire, d'un «drame», c'est-à-dire d'une action imagée. Celle-ci va constituer la substance des représentations inconscientes. Outre les désirs, interviennent aussi les conflits qu'ils suscitent, puisque de ces conflits naît le processus de refoulement.

Représentations inconscientes organisées selon les lois spécifiques de ce type de discours mental, rôle du désir et du conflit défensif à l'origine du refoulement, point de vue structural et dynamique. Telles sont les grandes lignes théoriques d'une analyse clinique de l'inconscient, qu'elle s'accomplisse par l'étude des dessins, par l'analyse des rêves, dans tout champ psychanalytique dûment constitué. La notion de fantasme se trouve ainsi abordée.

DESSIN ET FANTASME

Le fantasme est une notion ambiguë qu'il est plus facile de délimiter que de définir. Dans la mesure où il appartient au système psychique conscient, il constitue le noyau des rêveries diurnes, des productions imaginaires qui accompagnent toute notre activité mentale. Dans la mesure où il s'inscrit dans le système psychique inconscient, on ne peut l'établir que par déduction et le reconstruire à partir des représentations conscientes. Il apparaît là d'autant plus facilement que les représentations conscientes dépendent moins d'une tâche précise et qu'elles obéissent davantage à la recherche de satisfactions immédiates imaginaires.

Ces fantasmes «inconscients» constituent des résidus, élidés de la chaîne de pensées du système préconscient-conscient, en rapport avec certains complexes nucléaires de notre vie affective, et plus précisément la part refoulée de ces complexes, celle qui nous est le plus difficile d'intégrer à l'ensemble de notre vie mentale et qui, méconnue de nous, va au plus intime de notre être chercher à s'exprimer dans le fantasme.

Le fanstasme inconscient pourra être formulé sous la forme d'une «petite histoire» qui, selon l'expression de D. Lagache[10], est «concrète et particulière».

Ses relations avec le désir sont complexes. Il énonce une relation entre un sujet et un objet, ou mieux, entre différents «objets». Véritable action dramatique à plusieurs personnages, il apparaît comme expression d'un désir (ou d'une crainte) lorsqu'on identifie l'un des termes de cette action au sujet qui la pense. Il devient alors une relation du sujet qui pense le fantasme, à l'objet qui se trouve inclus dans ce fantasme.

Par exemple, à travers des dessins successifs, un enfant exprime un thème avec insistance : une sorcière, un loup, ou tout autre être dévorant, menace au sein d'un paysage indéterminé un être sans défense. Nous sommes, en première approximation, enclins à situer le sujet qui dessine au niveau de cet être sans défense et d'exprimer ainsi le fantasme : je redoute (ou désire, qu'en savons-nous ?) que cet être puissant et menaçant me dévore. Il nous sera d'ailleurs facile d'obtenir du sujet son acquiescement à une telle formulation. Mais n'est-ce pas aller vite en besogne et ramener trop vite les productions inconscientes à leur formulation consciente.

À rester attachés à la lettre du thème exprimé, nous devons formuler le fantasme en question : un être puissant et menaçant dévore un petit être sans défense. Nous pouvons ajouter que, puisque l'enfant éprouve le besoin d'exprimer ce thème, c'est que cette représentation correspond en lui à un certain désir. Ne peut-il, tour à tour, s'identifier à l'un ou l'autre des protagonistes ? Être à la fois la mère dévoratrice et l'enfant qui se pâme avec un sentiment d'effroi et de délices mêlé en se laissant prendre dans une telle relation d'amour.

Bref, la «petite histoire» ne se résout pas nécessairement à un certain rapport du sujet à un objet de son entourage. C'est avant tout un drame où s'exprime dans la relation même un désir et le rapport de l'autre à ce désir. Quant au sujet qui pense le fantasme, par l'évocation de ce drame, il en assume en quelque sorte toutes les péripéties dans son être même.

On peut interpréter un tel mécanisme en faisant remarquer que le fantasme n'est pas seulement en rapport avec un certain désir, mais aussi avec les motifs de défense que provoque ce désir, d'autant plus qu'il appartient au système du refoulé. L'apparence dramatique du fantasme serait l'expression des conflits latents. Conflits entre des pulsions opposées ou, à un autre point de vue, conflits entre les instances psychiques.

On peut également s'interroger sur la nature même du désir et se demander s'il est tellement légitime de le mettre dans un rapport simple avec le sujet qui est censé l'assumer.

L'enfant, dans une relation d'amour dévorant avec la mère, est tout autant sujet dévorant la mère, ou le sein maternel qui la représente, et sujet du désir dévorant de la mère qui le traite comme une partie d'elle-même. Nous postulons toujours que le premier mouvement de ce rapport de pulsions, à s'inscrire dans sa subjectivité, est celui qui émane des pulsions de l'enfant. Nous sommes en cela dépendants d'un postulat sensualiste. L'enfant est autant un être récepteur du discours des autres que sujet de pulsions. Il est pris dans le désir de la mère non comme un objet subissant passivement ce qui ne peut être pour lui qu'une agression, mais comme un être qui dépend profondément du discours de l'autre et forge son propre discours d'avoir été au départ pris dans celui de la mère. Le désir de celle-ci, par la médiation du discours, doit en quelque sorte être assumé par l'enfant lui-même. Il le fait en se mettant à sa place, c'est-à-dire en devenant lui-même, à travers ses pulsions «orales», un être dévorateur. Il le fait aussi en assumant le désir de la mère, soit en se constituant son objet, soit en le réalisant dans sa vie imaginaire. Il est alors tout autant l'être dévorateur et l'objet dévoré. Ce qui serait ainsi le véritable désir sous-jacent au fantasme, c'est cette tendance de l'être à se constituer non comme sujet ou objet du désir, mais comme scène vivante de sa réalisation.

Au-delà de la satisfaction de nos besoins, il y aurait en nous un manque à être, selon l'expression de Lacan[11], que révèle notre aptitude à nous plier aux lois du langage de l'autre, à y trouver son désir, à le faire nôtre et à en vivre, sur le mode fantasmatique, la réalisation.

On conçoit qu'en définitive les fantasmes inconscients se rapportent à un nombre limité de thèmes. Ceux-ci concernent les moments fondamentaux qui scandent l'évolution et le développement de notre relation à autrui, marquée au plan pulsionnel par l'évolution de la sexualité. On reproche souvent au psychanalyste la monotonie de ses conclusions : en définitive, cette minutieuse analyse des productions de l'inconscient aboutit à une liste fort limitée de fantasmes. Relations affectives à la mère et à ses substituts sur les modes oraux et anaux, position phallique, complexe de castration, situation œdipienne, est-ce à cela que se résume la dynamique pulsionnelle qui sous-tend ce foisonnement de l'imaginaire ? Il ne peut être ici question de reprendre ce qui dans l'œuvre de Freud témoigne de cette recherche jamais achevée de l'origine des fantasmes inconscients. J. Laplanche et J.-B. Pontalis en ont récemment repris l'étude. Nous nous contenterons d'y marquer au passage ce qui directement se trouve impliqué dans une approche de l'inconscient à travers le dessin[12].

Ces thèmes si constamment retrouvés dans l'interprétation psychanalytique des dessins relèvent de ce que Freud appelle les fantasmes originaires. «Ce trésor de fantasmes inconscients que l'analyse peut découvrir chez tous les névrosés et probablement chez tous les enfants des hommes.» Comme le font remarquer Laplanche et Pontalis : «Ces mots à eux seuls suggèrent que ce n'est pas seulement le fait empirique de leur fréquence, voire de leur généralité, qui les caractérise.» Si «chaque fois les mêmes fantasmes sont créés avec le même contenu, si on peut retrouver, sous la diversité des affabulations individuelles, quelques fantasmes "typiques", c'est que l'histoire événementielle du sujet n'est pas le *primum movens*, qu'il faut supposer un schème antérieur capable d'opérer comme organisateur».

La première explication que devait donner Freud était d'ordre phylogénique : ces fantasmes présents dans l'inconscient de tous auraient au départ constitué la trace d'événements survenus «au temps originaire de la famille humaine». Que cette hypothèse soit probable ou invraisemblable et opère à la façon du mythe, il faut en retenir les rapports entre la fantasmatique inconsciente et les échanges les plus fondamentaux qui se nouent dans les relations familiales. L'évolution de ces échanges est marquée, outre l'incidence accidentelle d'un événement traumatique, par la maturation des besoins de l'enfant et les modalités d'application des lois qui fondent les échanges entre les hommes et en particulier l'institution familiale.

Il n'y a donc rien de surprenant à ce que au plus intime des élaborations fantasmatiques nous débouchions sans cesse sur ces temps fondamentaux qui marquent cette dialectique de la maturation des besoins et des lois qui garantissent la structure de la société humaine. Cette prise des pulsions organiques dans l'ordre symbolique se manifeste en une série de positions concrètes.

Mais si tous les «mystères» de l'inconscient, si le fruit de tant d'explorations cliniques individuelles devaient aboutir à cette constatation que dans un secteur refoulé de son appareil mental, obéissant à des lois contraires à la logique de notre psychisme conscient, chaque être humain gardait, méconnues de lui, les marques de sa relation orale puis anale aux objets d'où il a pu attendre la satisfaction de ses besoins, et sa réponse à la question de la possession du phallus et du complexe de castration, la position assumée dans le champ interpsychologique que constitue le triangle père-mère-enfant (complexe d'Œdipe), il faut bien l'avouer : ces mystères perdraient une part de leur charme et il serait facilement imaginable que la psychanalyse se réduise à une orthopédagogie de la vie pulsionnelle et des relations familiales.

Il n'en est rien, heureusement ou malheureusement. La présence en nous d'un champ psychique inconscient, où le désir se structure, ne dépend pas des répressions contingentes que l'éducation impose à nos exigences personnelles. Tout laisse à penser que le désir, «effet dans le sujet de cette condition qui lui est imposée par l'existence du discours de faire passer son besoin par les défilés du signifiant» (Lacan) trouve nécessairement sa place dans un registre de pensée inconscient, qui pourrait être garant, comme ont cherché à le démontrer Leclaire et Laplanche, de l'existence même du discours humain[13].

Ce qui redonne à ces désirs inconscients tout leur mystère, c'est la nécessité où ils se trouvent de s'assurer de leur pérennité dans un système où, par la mobilité des jeux du déplacement et de la condensation, les effets de sens se multiplient, donnant à celui qui en explore les manifestations une impression de richesse extrême.

Préciser pour chaque sujet par quelles voies le désir se dissimule dans ces jeux de la métaphore et de la métonymie, trouver en fonction de sa propre histoire les avatars de son expression, est en définitive plus important que de s'assurer de retrouver dans une symbolique, plus ou moins obscure, les grands thèmes dont, au départ, on postule l'existence.

Dans l'exploration des fantasmes, nous savons bien qu'en définitive nous retrouverons une thématique fondamentale connue. Nous nous attacherons davantage à préciser les modes de défense, c'est-à-dire les modes de camouflage dont le sujet se sert en tenant compte des conflits qui surgissent à l'épreuve que ces désirs soutiennent face à la réalité et les issues qu'il assure pour, en définitive, les satisfaire.

À travers les dessins d'enfant, il ne sera que trop tentant de mettre l'accent sur le repérage des fantasmes sans tenir compte de ces mécanismes d'occultation. Ceci tient au fait que le dessin, comme le rêve, se prête particulièrement à ce travail de l'imaginaire, grâce auquel l'élaboration plastique nous fournit en quelque sorte directement le compromis satisfaisant entre les mécanismes de censure et l'expression du fantasme.

L'adulte, au contraire, évite de se laisser aller à ce travail d'actualisation du fantasme sur un mode imaginaire. Il nous entretient de ses relations avec les autres, de ses insatisfactions, de ses luttes, et, en définitive, de toutes les demandes qu'il adresse au réel dans l'intention, croit-il, d'y trouver satisfaction à ses besoins. Il cherche en fait à reproduire, sur le mode de l'action, ce que les fantasmes inconscients le pressent d'actualiser sur un mode imaginaire. La tâche du psychothérapeute d'adultes sera souvent d'aider le sujet à se dégager de ces demandes sans cesse adressées à la réalité et au psychothérapeute lui-même, pour en découvrir la motivation inconsciente. L'action poursuivie apparaît comme une réalisation, parmi d'autres, du fantasme inconscient. La découverte de celui-ci sera favorisée par l'étude des élaborations fantasmatiques. Les rêves y révéleront d'autant plus leur sens que le sujet se trouvera libéré des implications de l'action, des demandes de l'entourage et des tâches actuelles.

Dans une psychothérapie par le dessin, le danger est inverse. L'enfant disjoint très facilement l'activité plastique pour laquelle il est sollicité, selon l'expression de Lagache, dans lesquels il est pris dans la réalité. Chaque jour, affronté aux multiples conflits familiaux et sociaux dont il méconnaît, plus encore que l'adulte, le rôle qu'il y joue, l'enfant cherche dans le dessin un plaisir, sinon analogue, du moins comparable à celui qu'il trouve dans le jeu, les fantaisies diurnes et les rêves.

Le psychothérapeute risque, à son tour, de se laisser prendre aux charmes de ces élaborations imaginaires. Dans son souci d'explorer le monde fantasmatique de l'enfant, il s'expose à négliger l'essentiel : le lien entre les demandes du sujet et son désir. Dans une psychothérapie, les références aux réalités sociales, au milieu, aux actions de l'enfant ne doivent pas être négligées. Dans une psychanalyse, l'analyse du transfert est la référence majeure. Il s'agit là d'une nécessité qui n'est pas seulement thérapeutique, mais d'abord liée à notre souci de découvrir et de comprendre les fantasmes inconscients.

Faute de cette rigueur, et nous retrouvons à ce plan une nécessité déjà soulignée dans le déchiffrage même des fantasmes, l'exploration des thèmes inconscients se résout en une exploration approfondie de la vie imaginaire, mais méconnaît ce qu'a de spécifique pour le sujet en question l'insertion de ses fantasmes dans l'ensemble de ses demandes et de ses actions.

Les modes d'occultation du désir sont tout aussi essentiels à la compréhension de ce dernier que son repérage même. À n'en pas tenir compte, on peut même dire que le repérage du désir à travers le fantasme se confond avec celui d'un schème imaginaire.

C'est bien à quoi nous expose une exploration clinique des dessins d'enfant, qui, sous l'influence des conceptions de Jung, confond lecture de l'imaginaire et découverte des fantasmes. Ceux-ci, dans leur banalité, deviennent alors de véritables archétypes, dont les manifestations de mieux en mieux explicitées, aboutissent à donner une place privilégiée à la vie imaginaire et transforment un processus analytique en un processus cathartique.

L'exploration des fantasmes inconscients à travers le dessin d'enfant ne se résume donc pas à l'identification d'une thématique imaginaire fondamentale dont, en définitive, la nature «sexuelle» serait le garant de sa portée psychanalytique.

L'étude directe, isolée du dessin de l'enfant, ne peut mener qu'à de tels écarts. En le dégageant des demandes, des agressions, des résistances à travers lesquelles il s'exprime, en le réduisant à une chose analysable, nous saisissons peut-être l'essentiel des fantasmes inconscients dont il témoigne, mais nous oublions que ces fantasmes se sont actualisés dans un temps psychologique où l'enfant dessinait dans des dispositions affectives particulières.

En des termes un peu imagés, nous pourrions dire que les fantasmes inconscients ne sont pas présents dans le dessin de l'enfant, mais l'étaient seulement dans l'esprit de l'enfant au moment où il dessinait. Il y a donc abus de terme à identifier le dessin, objet que nous montre l'enfant, et un rêve.

DESSIN, RÊVE ET MOT D'ESPRIT

Le dessin n'est pas un rêve, il est plutôt voisin du récit que le rêveur nous fait. Il serait facile de montrer cependant comment, dans la conception de Freud, le travail du rêve diffère de celui de l'enfant qui dessine. Nous pouvons ici reprendre ce que Freud écrit à propos du mot d'esprit. «Le rêve est un produit psychique parfaitement asocial, il n'a rien à communiquer à autrui; né dans le for intérieur d'une personne à titre de compromis entre les forces psychiques aux prises, il reste incompréhensible à cette personne elle-même et manque par conséquent totalement d'intérêt pour autrui.» Le mot d'esprit, au contraire, et le dessin d'enfant, à cet égard, lui ressemble, est une activité sociale, il est destiné à être entendu d'autrui, compris. «Le rêve sert surtout à épargner le déplaisir, l'esprit à acquérir le plaisir.» Cette comparaison montre d'ailleurs que ce qui est dit du rêve ne s'applique pas au récit du rêve qui se rapproche beaucoup plus du mot d'esprit.

Nous retrouvons donc une question initiale : le dessin chez l'enfant constitue-t-il une voie d'accès privilégiée à la connaissance de l'inconscient et pour quelles raisons ?

Avec le rêve, il partage une qualité tout à fait remarquable : la représentation par image. Si la valeur informative, l'aptitude à poursuivre un raisonnement logique est moindre pour l'image que pour le langage, l'image par contre se prête aisément aux jeux de la condensation et du déplacement et en général aux lois de fonctionnement du discours inconscient. D'où le privilège qu'ont les images d'être plus facilement «attirées» par les représentations inconscientes.

Mais l'élaboration des images oniriques est très différente de celle du dessin. Dans l'acte de dessiner, comme dans celui de jouer ou de se laisser aller à des rêveries à l'état de veille, l'enfant ne cherche pas à éviter de se laisser envahir par des représentations pénibles, des désirs insatisfaits. Il ne fuit pas le déplaisir, comme le rêveur qui cherche avant tout à dormir et qui ne tolère l'arrivée d'une représentation en rapport avec un désir que sur le mode hallucinatoire de sa pseudo-réalisation.

Ici, l'enfant va au-delà de ces tensions, il cherche surtout à prendre plaisir au dessin. La satisfaction ne vient pas d'une illusion, d'une hallucination, mais d'un processus d'évocation active. Celle-ci se fait sur un mode allusif : en quelques images se condensent de nombreux thèmes fantasmatiques. Il faut donc inclure dans le mécanisme du plaisir le rôle de l'épargne psychique que représente l'aptitude à figurer, avec une grande économie de moyens, des situations dont l'évocation est désirée. Sans doute, le dessin peut concerner une situation pénible ou angoissante. Mais nous avons vu, à propos du fantasme, que l'expression d'un fantasme inconscient ne signifiait pas nécessairement que le sujet s'identifie au désir qui est en rapport avec ce fantasme. L'enfant qui dessine une scène d'épouvante, une scène de dévoration, peut consciemment vouloir représenter la crainte qu'elle lui inspire. Mais cette crainte est en rapport avec la place importante que tient cette scène, ou des représentations qui en sont voisines, dans ses fantasmes inconscients. À ce niveau, il ne s'agit pas pour lui de savoir s'il désire dévorer ou être dévoré, mais plutôt d'exprimer un type de relation, la dévoration, qui, d'une certaine manière, symbolise pour lui un mode de désir et de satisfaction. Son plaisir dépend donc fondamentalement du fait de représenter cette scène, quelle que soit la place que, secondairement, il prétendra y jouer.

Ce qui aiguise l'appétit de l'enfant à dessiner, c'est cette possibilité de signifier par l'image ces imagos inconscientes qui cherchent à s'actualiser.

On peut alors assimiler l'élaboration du dessin au jeu des associations de pensées qui se succèdent dans l'esprit de l'enfant. Mais ce rapport doit être davantage précisé, car le dessin n'est pas seulement une expression, à un temps donné, de ses représentations psychiques. À son tour, il en modifie le cours. À mesure que l'enfant dessine, d'autres pensées surviennent, en rapport avec d'autres représentations inconscientes. Interviennent alors deux mécanismes contraires.

L'un cherche à maintenir le thème initial. L'enfant reste fermement fidèle à son intention directrice. La poursuite du dessin dépend strictement d'elle. Nous avons vu que la conception de modèle interne proposé par Luquet est critiquable, mais il est clair que presque toujours l'enfant dispose d'un schème pour illustrer l'histoire, ou l'objet qu'il entend au départ signifier. D'où des dessins rapidement menés, peu évocateurs par eux-mêmes, mais qui tirent leurs significations des pensées, fantasmes qui sont en rapport avec le thème choisi.

L'autre mécanisme est, au contraire, un facteur de transformation. Le dessin ébauché est, à son tour, la source de nouvelles associations de pensées qui vont modifier le cours de sa réalisation. Certaines transformations ou adjonctions sont liées à un facteur bien décrit déjà par Luquet : le fait qu'un détail du dessin appelle la représentation d'un objet qui le complète. Ainsi, la représentation d'un bateau appelle celle d'un phare ou d'un poisson qui, à son tour, peut évoquer des objets qui n'entraient pas dans le projet initial de représentation. On retrouvera sans peine dans ce mécanisme les effets de déplacement dont nous avons parlé plus haut.

Autre facteur de changement, également bien observé par Luquet : les interprétations secondes qui corrigent le sens initial du dessin, soit en raison d'analogies morphologiques, soit en raison d'une maladresse qui fait d'un détail opportun un détail aberrant. L'enfant peut alors corriger le thème du dessin en fonction de cette erreur : par exemple, un personnage masculin devient féminin parce que le pantalon trop large évoque une jupe, etc. Les psychanalystes inclinent à considérer ces erreurs comme de véritables lapsus, le désir de représenter une femme précéderait l'erreur au lieu de lui faire suite. De telles explications sont vraisemblables dans certains cas, mais non dans tous. Il est certain que, souvent, la forme du dessin ébauché appelle de nouvelles représentations, de nouveaux thèmes.

L'élaboration du dessin est donc toujours un compromis entre les deux tendances, l'une favorisant l'exécution du schème graphique initialement conçu, l'autre favorisant des transformations, des adjonctions dans l'exécution du projet.

Si la première tendance prédomine, nous aurons un dessin peu expressif, conforme aux schèmes habituels de l'enfant. Si la seconde s'exerçait sans contrainte, le dessin ne serait qu'une accumulation de projets successifs, les premiers éléments du dessin étant effacés ou masqués par les intentions ultérieures. On l'observe assez souvent au cours de psychothérapies (dessin C). Le dessin global est alors ininterprétable. Il n'est que le dépôt des actes graphiques qui se sont succédé et de réalisations partielles qui se chevauchent.

Le plus souvent, cette seconde tendance est limitée par la première. Plus le dessin avance, plus la marge d'indétermination diminue. Au début, l'intention seconde peut radicalement changer le projet initial, à la fin, il ne peut s'agir que de modifications de détail. Ces modifications de détail, ces juxtapositions insolites d'objets, ces formes ambiguës, sans contredire la cohérence de l'ensemble, apportent une note d'humour et de mystère.

Ici, la comparaison avec le mot d'esprit prend toute sa valeur. Le dessin exprime un conflit entre la fidélité au thème logiquement développé au départ, et l'irruption de tendances nouvelles. Pour dépasser ce conflit, l'enfant va jouer sur la disposition des détails du dessin et, par des effets d'analogie graphique, par l'adjonction de détails ou le déplacement du centre d'intérêt du dessin, il donnera libre cours à ces fantasmes nouveaux sans troubler l'ordonnance initiale.

Le mot d'esprit également s'insère dans le cadre d'un discours sérieux. Il feint de le prolonger, mais introduit, par l'ambiguïté des mots utilisés, un double sens qui rend compte de tendances psychiques sans rapport avec la situation de départ.

La comparaison est encore incomplète car ces détails ambigus du dessin apparaissent jusqu'à présent comme le simple effet d'un conflit de tendances. Nous allons voir qu'ils sont pratiquement nécessaires à l'achèvement de tout dessin d'enfant et ceci explique la rareté des dessins conformes en tout point au schème initial.

L'enfant dispose sur la feuille un certain nombre de traits destinés à signifier un objet, un ensemble d'objets ou une scène. Terminer le dessin, c'est achever l'ensemble de traits qui permettent leur identification. Mais l'enfant répugne souvent à une parfaite économie de moyens. Il éprouve le besoin de souligner la signification des choses et, en complétant le dessin, il satisfait aussi le désir de représenter au mieux l'espace dans lequel évoluent les objets. Il va donc procéder à l'adjonction d'objets superflus n'ajoutant rien au pouvoir significatif du dessin et donnant lieu à un effet de style comparable au phénomène de redondance, observé par les linguistes. Les objets supplémentaires pourront consister en la répétition d'un objet (accumulation d'arbres, de fleurs, etc.) ou dans l'adjonction d'un ou de plusieurs détails apparemment inutiles.

Dans le dessin A, la figuration de l'herbe est superflue, mais elle meuble l'espace.

Très souvent, ces détails subissent l'influence des mécanismes associatifs que nous décrivions à l'instant : fidèles au thème initial, ils pourront plus facilement répondre à une nouvelle pensée. Une démonstration de ce mécanisme est apportée par l'observation suivante : on assiste assez souvent, dans une série de dessins produits au cours d'une psychothérapie, à un phénomène identique à ce qu'en technique cinématographique on appelle un travelling. Sur un premier dessin, un détail annonce le thème principal du dessin suivant. Nous sommes enclins à sentir là un effet de style comparable à celui du narrateur qui, après avoir décrit un paysage, nous parle d'un personnage de cet ensemble qui va effectivement devenir le héros de son récit. Mais il est improbable que l'enfant puisse recourir à un artifice de style aussi concerté. Plus vraisemblablement, un thème second a fait irruption au cours du premier dessin, s'est exprimé dans un ou plusieurs détails superflus. Par voie associative, il servira d'intention première à l'élaboration du nouveau dessin.

Pour sauvegarder la cohérence du premier dessin, il lui a été nécessaire de masquer ces éléments insolites, en rapport avec le nouveau thème. L'enfant doit alors traiter certains détails en recourant à toutes les ressources des mécanismes de déplacement et de condensation. D'où leur position privilégiée à l'égard des fantasmes inconscients.

Au cours d'une psychothérapie, les associations de l'enfant paraissent d'autant plus riches qu'elles s'appuient sur ces éléments ambigus. On a souvent remarqué le goût de l'enfant pour la figuration d'objets ou de scènes très banals : maison, bonhomme, bateau, etc. Ce goût vient de sa tendance à reproduire des dessins dont la réalisation lui est aisée. Ils ont, en outre, des pouvoirs évocateurs multiples, très vagues, et peuvent donc servir de support à des fantasmes très variés.

Mais l'enfant aime aussi agrémenter ces dessins-types de détails (personnages ou animaux autour de la maison, détails vestimentaires du bonhomme, paysage marin) qui servent de support ambigu au conflit de tendances que nous avons décrit : rester fidèle au thème initial ou exprimer les fantaisies nouvelles qui le poussent à se désintéresser du thème initial.

Pour illustrer le rôle que jouent dans l'élaboration du dessin ces interprétations secondaires et les effets de ces détails qui servent de compromis entre elles et l'intention première, le plus simple est de les comparer avec ce que l'on observe dans les psychothérapies d'adultes.

Le dessin dont l'achèvement reste rigoureusement déterminé par l'intention initiale représente, pour l'observateur de l'enfant, ce qu'observe le psychanalyste d'adultes lorsque son patient, après lui avoir présenté au départ un thème (souci pratique, souvenir ou fantaisie), se met en devoir de compléter la description par toutes les précisions nécessaires à son intelligence. Nous sentons que toutes ces précisions ne relèvent que du processus de pensée logique, c'est-à-dire du processus secondaire. Cette absence d'infiltration de processus de pensée primaire dénote le caractère défensif de cette attitude. Notre seul objet d'étude est le thème initial, son sens et les raisons de son choix.

À l'opposé, lorsque le dessin n'est que le reflet des improvisations graphiques successives, la situation est identique à celle où se trouve le psychanalyste d'adultes, quand son patient, après avoir exposé le thème qui le préoccupe, se laisse aller à un enchaînement de pensées tout à fait mobiles, fugaces, comparables à ce que peut être l'enchaînement des pensées du rêve. En fait, ces deux situations sont des situations limites jamais complètement réalisables.

Le troisième correspond effectivement à ce que nous observons le plus souvent dans une psychothérapie d'adulte : le patient oscille entre sa fidélité au thème initial et des chaînes associatives intercurrentes, son discours est un compromis entre les deux tendances jusqu'au moment où un second thème s'impose et remplace le premier. Il apparaît pourtant ici une différence : l'adulte opère ce compromis à l'aide d'un va-et-vient du discours, les associations intercurrentes se disposent sous forme d'incidentes qu'il accroche successivement à la chaîne volontaire et consciente de son récit. Dans l'élaboration du dessin, un tel va-et-vient est impossible. Il ne se réalise que quand l'enfant parle en même temps qu'il dessine, ce qui lui permet de se livrer à des associations verbales tout en poursuivant le dessin. S'il ne fait que dessiner, ce processus se traduira par le recours à des détails à forte capacité symbolique.

Il faudrait, pour en trouver l'équivalent chez l'adulte, imaginer que celui-ci sente de plus en plus la difficulté de condenser intuition première et pensées intercurrentes et utilise un langage à fort pouvoir métaphorique et métonymique, c'est-à-dire un langage poétique.

Si l'on tient compte de la fonction d'épargne psychique du dessin, la comparaison serait meilleure avec une langue humoristique, riche en traits d'esprit. Il pourrait ainsi combiner les tendances conservatrices et évolutives.

Pour emprunter une comparaison littéraire, nous dirons que si le style naturaliste illustre la première tendance, l'écriture automatique des surréalistes la seconde, pour la troisième, la langue de Proust correspond assez bien au mouvement décrit chez l'adulte, celle de Joyce, du moins dans Ulysse, se rapprocherait de ce que nous voulons décrire à propos du dessin et dont l'analogie chez l'adulte n'est que très difficilement observable.

Ainsi, c'est au mot d'esprit que s'apparente peut-être le plus le dessin de l'enfant, dans ses rapports avec l'inconscient. Avec le mot d'esprit, il répond au goût de l'ellipse, du raccourci significatif, facteur d'épargne psychique, source de plaisir. Comme le mot d'esprit, il satisfait au conflit entre une tendance de fidélité au discours conscient et une ouverture à de nouvelles tendances inconciliables avec la première. Comme le mot d'esprit, il s'adresse fondamentalement à quelqu'un et du plaisir à le déchiffrer l'auteur comme l'auditeur tirent leur principale satisfaction.

À la différence du mot d'esprit toutefois, qui porte sur un matériel verbal, le dessin est fait d'images. Propres à tous les remaniements symboliques, elles usent du langage de l'inconscient à la manière du rêve.

Participant du rêve et du mot d'esprit, comparable au récit du rêve, étroitement lié aux associations de pensées, le dessin est bien au centre des modes d'expression privilégiée des fantasmes inconscients.

Quelles règles établir d'un point de vue pratique ?

Pour prétendre avancer quelque hypothèse sur la forme des conflits psychiques inconscients et la place qu'y occupent les fantasmes, il faut un examen approfondi et comparatif des dessins. On doit observer l'enfant quand il dessine, voir à quels endroits de son dessin semblent se produire les ruptures avec l'intention première, les détails ambigus sur lesquels souvent il appuie avec insistance. L'ensemble du dessin nous permet également de les déceler, on y lira les grandes thématiques dominantes.

Si nous ne disposions que de ce temps d'examen, la probabilité de nos hypothèses serait bien mince. Ou plutôt, nous serions réduits à édifier des hypothèses d'autant plus vraisemblables qu'elles seraient plus générales. C'est à quoi s'exercent ceux qui n'ont pas renoncé à établir une « clef des songes » du dessin et pour qui parler d'emblème phallique, de complexe de castration, de sadisme oral à propos d'un arbre ou d'un phare, d'un objet sectionné, d'une scène de dévoration entre animaux leur semble suffisant. Ce ne peut être là qu'une première démarche, qui repose sur l'expérience de l'observateur : il est vrai qu'il existe des dessins typiques comme des rêves typiques. Freud n'avait pas manqué de remarquer ceux-ci et de les analyser. Il admit l'existence d'une symbolique onirique commune à tous et qui devait entrer en ligne de compte dans l'analyse des rêves, telle l'équivalence entre couple royal et parents, et les multiples symbolisations sexuelles. Nous pouvons la retrouver dans le dessin. Le monde qui nous entoure sert évidemment d'illustration à toute une série de rapports fondamentaux entre les êtres et nous pouvons y puiser les matériaux pour exprimer symboliquement ces rapports. Il est normal que, dans notre travail de déchiffrage, nous appliquions au dessin notre propre interprétation symbolique des choses, et comme cette interprétation est pour une grande part identique chez tous les individus, surtout dans le même milieu culturel, il n'y a rien d'abusif à procéder de la sorte. Mais, comme pour l'interprétation des rêves, il faut savoir que cette universalité des symboles a ses limites aussi bien pour l'observateur qui risque de choisir arbitrairement son registre d'interprétation et de tenir pour certaine l'équivalence symbolique qui lui est la plus familière que pour l'enfant qui remodèle ce vocabulaire des symboles selon des lois qui lui sont propres.

Ces limites se retrouvent donc naturellement dans l'interprétation du dessin et nous ne pouvons, au terme de ce premier travail, que formuler les thèmes exprimés sans trop approfondir leurs significations et leurs rapports. Nous procédons ainsi en analysant un texte dans une langue étrangère qui nous est peu familière quand nous nous efforçons d'y découper les ensembles syntaxiques alors que le sens des mots nous échappe.

L'approfondissement de l'interprétation doit être poursuivi. Tout d'abord, nous provoquerons et utiliserons les commentaires que fait l'enfant sur son dessin. Nous en avons vu un bon exemple avec le dessin A. Par ses associations de pensées, l'enfant nous livre les liens entre les expressions imaginaires de ses fantasmes et son expérience vécue, ses souvenirs, ses rêveries diurnes. Il est rare que les commentaires se poursuivent dans toutes les directions et, à moins que nous ne l'interrogions d'une manière trop directe, l'enfant nous parle des souvenirs qu'évoque le dessin ou d'une histoire qui en serait le prolongement ou, plus rarement, des associations de pensées qui l'ont amené à choisir et à réaliser ce thème. Nous comparerons avec les dessins ultérieurs et leurs commentaires. Ces documents sont d'une valeur irremplaçable.

Malheureusement, il arrive souvent que l'enfant parle peu du dessin qu'il vient de faire. Ceci est bien conforme d'ailleurs à la valeur représentative qu'il prête au dessin lui-même. Dans de tels cas, nous ne disposons que de l'étude comparative des dessins entre eux. Nous verrons malgré tout se dégager les expressions symboliques qui jouent chez l'enfant un rôle déterminant. Nous ferons attention aux analogies formelles (dessins A et B) pour saisir, à travers des thèmes différents, une identité de structure. Nous serons sensibles à la fréquence de répétition de deux ou de plusieurs thèmes contigus ou successifs. Par exemple, si un thème de mutilation a en soi peu de valeur, quand il se retrouve régulièrement au décours d'un thème d'exploration, il est déjà plus significatif (un plongeur sous-marin dont le fusil se casse sur un rocher; un garçon qui se casse une jambe en se promenant dans la forêt) et suggérera que la crainte de la mutilation est perçue comme une menace, un châtiment en face des désirs de voir ou d'entendre ce qui ne lui est pas destiné. Il y a là une succession significative.

Dans notre exemple, le regard de la Maison-Mère tournée vers l'Arbre-Père du dessin A n'aurait que peu d'importance si nous ne retrouvions ce thème du regard dans le dessin suivant. Dans les dessins ultérieurs, il deviendra encore moins «symbolique» et sera relié à des scènes qui se déroulent à côté de la chambre des parents ou de leur salle de bains. Ici, presque sans l'aide de commentaires, la suite des dessins confirme l'importance du thème et montre sa signification dans les relations concrètes de la jeune patiente. Chaque fois qu'une interprétation symbolique se trouve corroborée par des souvenirs ou des pensées intéressant la vie affective concrète, nous pouvons dire que nous faisons un pas dans la connaissance de l'inconscient.

Surtout, rappelons-le, hypothèses et déductions n'auraient qu'une faible valeur si on ne les situait dans le contexte de la relation qui s'est établie entre l'enfant et le psychothérapeute. Ici jouent tous les éléments d'information : en dehors du dessin, la manière dont l'enfant se présente, ce qu'il dit, ce qu'il fait tout au long de la séance. Dans l'étude des dessins eux-mêmes, nous tiendrons compte de tous les éléments expressifs (traits, couleur, style) du contenu manifeste du dessin. Car il ne suffit pas d'interpréter à l'enfant ce qui est inscrit dans le registre de l'inconscient, il faut aussi lui faire prendre conscience de tout un ensemble de pensées, de représentations dont il n'a pas une conscience claire, mais qui ne sont pas véritablement refoulées. En somme, avant toute interprétation d'un matériel inconscient, il faut donner à l'enfant une meilleure connaissance de ce qu'il sent, de ce qu'il vit. En favorisant la qualité de son mode d'expression, nous accédons ainsi à une connaissance de lui-même que l'adulte nous livre beaucoup plus facilement. Il s'agit ici des sentiments et des opinions à l'égard de l'entourage et aussi à l'égard du psychothérapeute. Ce matériel psychique préconscient nous ouvre la voie à tous les mouvements d'approche ou de retrait, à tous les sentiments de peur ou de sécurité qui animent l'enfant dans sa relation au psychothérapeute.

Cette connaissance clinique donne son sens à l'irruption dans le matériel graphique d'un fantasme inconscient. C'est dans une patiente confrontation à toutes les données de l'expérience, tenant compte des mécanismes défensifs comme des demandes explicites ou implicites, que ce matériel inconscient trouve sa signification concrète, et non dans une formulation abrupte, tenant plus de l'art du devin que du médecin ou du psychologue.

Dernière confrontation, celle de notre interprétation avec l'évolution des dessins. Car pour toute interprétation psychanalytique, le grand critère de validité reste l'efficacité à long terme de l'interprétation. Encore moins qu'ailleurs, nous n'avons à nous préoccuper ici d'un acquiescement immédiat ou d'une dénégation. L'une comme l'autre peuvent n'être que le reflet de l'humeur du moment et constituer une simple marque d'approbativité ou de négativisme. Par contre, si après une interprétation, nous voyons les dessins ultérieurs porter en profondeur la marque de ses effets, nous pouvons penser qu'elle a touché juste et au bon moment.

Mais ceci déborde le problème de l'interprétation du dessin, c'est celui de la technique même de la psychothérapie psychanalytique qui se trouve ainsi posé.

NOTES

[1] S. Freud, *Gesammelte Werke*, vol. VII, trad. franç. In *Cinq psychanalyses*, PUF, 1954.
[2] Mélanie Klein, *Narrative of a child analysis*, Hogarth Press, 1961.
[3] Sophie Morgenstern, Un cas de mutisme psychogène, *Rev. Franç. Psychanal.*, tome I, n° 3, 1927, p. 492-504.
[4] Sophie Morgenstern, *Psychanalyse infantile, Symbolisme et valeur clinique des créations imaginaires chez l'enfant*, Paris, Denoël, 1937.
[5] Françoise Dolto, Rapport sur l'interprétation psychanalytique des dessins au cours de traitements psychiatriques, *Psyché*, n° 17, 1948, p. 324.
[6] Françoise Dolto, Personnologie et image du corps, *La Psychanalyse*, vol. VI, p. 59.
[7] Juliette Boutonnier, *Les dessins d'enfants*, Ed. Scarabée, Paris, 1953.
[8] S. Freud, *Le mot d'esprit et ses rapports avec l'inconscient*, Gallimard, Paris, 1953.
[9] Gilbert Durand, *Les structures anthropologiques de l'imaginaire*, PUF, 1960.
[10] D. Lagache, Fantaisie, Réalité, Vérité, in *Bulletin de Psychologie*, 222.XVI, 17-18-1 013-1 022.
[11] J. Lacan, La direction de la cure et les principes de son pouvoir, *La Psychanalyse*, vol. VI, p. 149, 206.
[12] J. Laplanche et J.-B. Pontalis, Fantasme originaire, fantasme des origines, origine des fantasmes, *Les Temps Modernes*, 19ᵉ année, n° 215, avril 1964, p. 1833-1868.
[13] J. Laplanche et S. Leclaire, L'inconscient, in *Les Temps Modernes*, juillet 1961.

Chapitre 5
Les applications pratiques

Parmi plus de six cents références bibliographiques relatives au dessin recueillies par Renée Stora, la moitié environ concerne l'établissement de tests à des fins de diagnostic psychologique. Très peu s'appliquent principalement à la pédagogie et à la psychothérapie. Cet écart ne se retrouve pas dans la pratique car le dessin joue un rôle important dans la technique des psychothérapies d'enfants, et son usage pédagogique ne cesse de s'étendre, tant dans des ateliers spécialisés qu'à l'école, surtout au jardin d'enfants. Nous envisagerons d'abord l'utilisation du dessin pour l'établissement d'un diagnostic, en considérant successivement le rôle du dessin dans les tests d'intelligence, les tests de personnalité, et en psychopathologie. Puis, nous considérerons la place du dessin dans les psychothérapies et enfin son rôle en pédagogie.

Il s'agit ici de présenter ces différentes applications, de montrer l'esprit qui les anime, les différentes orientations possibles et les difficultés rencontrées. Il ne peut être question de décrire chaque méthode de test avec toutes les précisions nécessaires pour son utilisation, encore moins les techniques psychothérapeutiques ou pédagogiques. Nous indiquerons, chaque fois que ceci sera possible, les références bibliographiques en langue française qui peuvent compléter ces informations.

Mais tant l'usage des tests que l'usage pédagogique, et bien plus encore l'usage thérapeutique ne peuvent s'apprendre dans les livres, ils nécessitent une pratique contrôlée et une formation générale qu'il n'est pas besoin ici de rappeler.

I. LES APPLICATIONS PSYCHOLOGIQUES

A. Les tests de dessin et l'étude de la maturation intellectuelle

Les réalisations graphiques progressant en partie avec le développement de l'intelligence, il était légitime de considérer le dessin comme un moyen d'explorer ce développement.

On peut se faire une opinion sur le degré de maturité intellectuelle avec n'importe quel dessin d'enfant. Il suffit de considérer les différents stades du développement du dessin et de comparer les réalisations d'un enfant à celles des enfants du même âge. En réalité, cette comparaison ne permet que des évaluations assez vagues car, si le dessin évolue avec l'âge, les facteurs qui déterminent cette évolution sont si nombreux qu'on ne saurait incriminer un déficit intellectuel avant d'avoir éliminé un retard de la maturation psychomotrice, un trouble du schéma corporel, une perturbation affective. Des recherches déjà anciennes avaient montré qu'il existe une corrélation certaine entre le succès scolaire et l'aptitude au dessin. Claparede, en collaboration avec Guez, avait dressé un plan d'enquête qui fut publié en 1906. L'enquête se déroula en Suisse et porta sur 9 764 dessins. Les résultats furent publiés par Ivanoff en 1908. Ils montrent qu'il est statistiquement prouvé que le pourcentage des enfants doués intellectuellement (jugés sur leur réussite scolaire) est plus élevé parmi les bons dessinateurs que parmi les mauvais. Il existe aussi une corrélation positive entre l'écriture et le dessin, entre le dessin et le calcul, entre le dessin et la composition française, entre le dessin et les travaux manuels. Ces résultats sont intéressants en raison de l'ampleur de l'enquête. Mais celle-ci est restée bien superficielle, les aptitudes tant intellectuelles que graphiques étant jugées par les instituteurs sur des critères qui n'étaient pas précisés au départ.

On s'est donc efforcé d'individualiser des épreuves qui seraient moins sensibles aux influences intercurrentes et refléteraient plus spécifiquement le développement de l'intelligence. Il faut ici distinguer les épreuves utilisant des dessins géométriques, celles qui considèrent la représentation d'objets particuliers (essentiellement la représentation du «bonhomme») et des épreuves mixtes.

a) Les tests de dessins géométriques

Les plus anciens sont les épreuves de dessins utilisées dans le test de Binet et Simon. Rappelons-les : à cinq ans, l'enfant sait copier un carré, à six ans, un losange, à dix ans, il peut reproduire deux dessins de mémoire (une section de prisme et une grecque). Le problème le plus délicat est d'établir les critères de réussite. Ceux-ci reposent sur la compréhension des données fondamentales de la figure plus que sur l'aspect général. Gesell, dans ses échelles de développement, a également noté le développement de la fonction graphique : dès l'âge de 56 semaines, où il signale : «l'enfant gribouille vigoureusement par imitation» jusqu'à huit ans où il observe le goût pour les dessins exprimant l'action : scènes de bataille, représentation de tanks et d'avions chez le garçon. Au cours de cette évolution, il note l'apparition du trait vertical à deux ans, du trait horizontal à trente mois, puis le dessin intentionnel à trente-six mois. Dans cette échelle de développement, le dessin ne tient toutefois qu'une place limitée. Il est surtout étudié sous son aspect «moteur», ce qui explique que, pour les étapes ultérieures, il n'est guère fait mention des variations de style.

Dans les tests d'intelligence reposant sur les méthodes non verbales, les épreuves de dessin prennent une place plus importante (test de Buysse-Decroly, test de Borrel-Maisonny).

Deux tests méritent une mention particulière en raison de leur usage largement répandu et parce que l'épreuve repose exclusivement sur la reproduction de formes géométriques. Le test mis au point par Lauretta Bender utilise des formes géométriques simples mais dont la reproduction nécessite que l'enfant comprenne la structure précise de la forme. Neuf figures sont ainsi présentées pour être reproduites. Ce sont des formes géométriques, des séries de points différemment ordonnés et des lignes ondulées tangentes. Les résultats sont étalonnés de façon qu'on puisse déduire un niveau mental.

Cet étalonnage a été pratiqué en étudiant l'épreuve chez 800 enfants âgés de trois à onze ans, venant d'écoles et de crèches de la ville de New York et du Bellevue City Hospital. À onze ans, les enfants, normalement, reproduisent parfaitement ces figures, et les adultes n'ajoutent guère à la réussite qu'une plus grande habileté dans le tracé.

De trois à onze ans, au contraire, les progrès observables dans l'exécution sont assez réguliers pour que l'on puisse préciser pour chaque âge un score moyen de réussite. À partir de trois ans, l'enfant commence à ébaucher la reproduction des points (tourbillons ou loops), mais ne les réalise correctement qu'à six ans.

À quatre ans, il commence à réaliser des figures fermées, mais il ne perçoit pas encore l'obliquité de certaines ni les relations entre elles.

À six ans, il peut reproduire correctement quatre figures (A, 1, 4 et 5). La réussite de la figure 3 n'est obtenue qu'à onze ans.

Une étude déjà ancienne du Pr Heuyer en collaboration avec Lebovici et N. Angoulvent a montré que cette épreuve offre une corrélation satisfaisante avec les autres tests de performance[1].

L'autre test, mis au point par André Rey, utilise au contraire une figure complexe. On présente à l'enfant une figure géométrique composée d'une série de rectangles, de triangles, de lignes droites assemblées en parallèles ou perpendiculaires, le tout étant superposé.

On demande à l'enfant de copier cette figure et, dans un deuxième temps, on lui demande de la reproduire de mémoire. Un système de notation tient compte de chacun des détails de cette figure et de leur bonne disposition dans l'ensemble de l'image. Cette épreuve s'applique à des enfants âgés de plus de huit ans tandis que le test de Bender s'applique essentiellement à des enfants jeunes.

Plus que l'intelligence, le test de Bender et le test de Rey explorent le niveau de structuration de l'activité perceptive, le contrôle visuo-moteur, l'attention et la mémoire immédiate.

D'autres tests utilisent également la reproduction de figures géométriques dans le souci d'explorer les aptitudes perceptives et la mémoire visuelle comme le test de rétention visuelle de Benton.

Toutes ces méthodes reposant sur la reproduction de figures géométriques tiennent donc relativement peu compte du caractère et des sentiments de l'enfant. Par contre, ce qui est évalué dépend également des aptitudes perceptives, des facultés de reproduction motrice et d'intégration visuo-spatiale. Généralement, ces aptitudes se développent parallèlement aux autres éléments de l'intelligence. Dans certains cas, il y a désaccord au détriment des aptitudes graphiques (troubles du schéma corporel, mauvaise latéralisation). Dans d'autres, les épreuves graphiques sont mieux réussies que les épreuves verbales. Ceci s'observe en particulier chez des enfants présentant des troubles affectifs graves, chez ceux ayant des difficultés spécifiques de la lecture ou tout autre trouble de langage. Il va sans dire que, dans ces cas, la réussite à l'épreuve de dessin est un reflet plus fidèle de la maturité intellectuelle que l'échec aux épreuves «verbales».

b) *Les tests de dessin figuratif*

Les mieux connus, les plus pratiqués utilisent la représentation du personnage humain, du bonhomme. On sait en effet que la reproduction par l'enfant d'un être humain obéit à des lois de développement assez régulières. Les observateurs ont depuis longtemps remarqué que l'image du bonhomme passait par des stades très facilement individualisables.

Les premiers essais surviennent entre deux et trois ans. À ce stade, le bonhomme n'existe qu'à l'état d'intention, c'est, selon l'expression de Prudhommeau, «un tracé amorphe sans aucune ressemblance, mais qui doit évoluer avec les progrès psychomoteurs de l'enfant»[2].

Ce niveau correspond au début du dessin figuratif en général, au moment où l'enfant désigne son dessin.

La désignation du bonhomme est d'ailleurs rarement la première, souvent, depuis plusieurs semaines, l'enfant a commencé à nommer certains de ses dessins avant de dire qu'il dessine un bonhomme (ou tout autre terme évoquant un personnage humain). À ce moment, la ressemblance n'existe pas. Comme le note Rouma[3] : «Le trait obtenu par hasard devient le support momentané d'une image mentale.» Toutefois, très rapidement, souvent même dès le premier dessin, ce n'est pas n'importe quel trait qui est interprété comme représentation humaine. Si ces premières tentatives sont très variées, comme le souligne J. Thomazi[4], qui vient de consacrer au dessin du bonhomme une substantielle étude, «le plus habituellement, pour représenter un bonhomme, l'enfant dessinera une surface limitée par un trait. La notion de contour est certainement l'élément qui frappe le plus et il s'attache à rendre cette limitation dans l'espace. À l'origine, et par conséquent en cette période de début qui nous arrête ici, l'enfant n'a qu'une notion vague ou nulle de la profondeur. C'est pourquoi le bonhomme, traduisant le corps humain sans volume, ne peut être représenté que par une surface.»

Cette surface sera géométrique, il s'agira d'une forme simple, stéréotypée, que l'enfant reproduit assez aisément : un triangle, un parallélogramme, plus ou moins régulier, et principalement un cercle. Ces formes ne sont nullement privilégiées pour représenter l'être humain. Elles ont pour l'enfant l'avantage d'être aisément maîtrisées. Mais le cercle présente un intérêt particulier. Comme le remarque Thomazi : «Cette habitude doit normalement entraîner une maîtrise qui pousse à répéter ce geste de préférence à un autre, puisque son résultat est certain et la réussite assurée. Pourtant, nous pensons que ce cercle étiqueté bonhomme n'est pas un "je te baptise carpe" banal. Il est vraiment symbole humain et préfigure le bonhomme-têtard de Luquet. Il est normal que l'enfant, excellent observateur par ailleurs, réduise l'objet à ses caractéristiques essentielles. Dans l'être humain, ce qui est vraiment caractéristique, c'est la tête, dont la forme affecte grossièrement une forme circulaire. C'est donc elle que le tout petit dessine, synthétisant ainsi tout le reste du corps humain.» Peut-être est-il vain de trancher entre la priorité d'une image géométrique arbitraire et la perception d'une forme naturelle. Nous avons vu que ce stade, dans l'évolution générale du dessin, était précisément caractérisé par la rencontre d'une maîtrise de la forme et d'une aptitude à reconnaître cette forme dans la réalité. Sans l'idée de cercle, nous ne saurions pas que la tête y ressemble.

À cette forme globale initiale, le plus souvent donc figurée par un cercle, l'enfant va chercher à ajouter des détails : le nez, les cheveux, les bras. Mais ces détails ne sont ni correctement figurés, ni judicieusement disposés. Ce sera aussi bien à l'extérieur du cercle ou du quadrilatère initial qu'un trait malhabile figurera le nez ou un bras sans qu'il se raccorde au tracé antérieur. On observe ce que Prudhommeau a appelé le bonhomme en pièces détachées. Puis on assiste à la standardisation d'un type auquel se rattachent de manière régulière certains détails enfin regroupés : le bonhomme têtard, baptisé ainsi par James Sully.

Le *bonhomme têtard* apparaît à la fin de la quatrième année. L'être humain est représenté par un cercle plus ou moins régulier auquel sont fixées dans son quadrant inférieur deux lignes verticales à peu près symétriques figurant les jambes. À l'intérieur du cercle, des points ou des petits ronds irréguliers figurent les yeux, le nez et la bouche. D'ailleurs, ces détails n'apparaissent pas toujours en même temps et on observe pendant quelques semaines un certain flottement dans leur figuration. Puis les bras apparaissent, implantés de chaque côté du cercle, à mi-hauteur environ, représentés par deux lignes horizontales. Leur implantation est évidemment en désaccord avec celle des traits du visage. On a discuté pour savoir si le rond figurait la tête et, dans ce cas, l'implantation des bras serait fautive, ou s'il représentait l'ensemble du corps, et dans cette hypothèse, ce serait la disposition des yeux, du nez et de la bouche qui serait erronée. Il est difficile d'apporter une preuve quelconque à l'appui de l'une ou l'autre de ces thèses. La plupart des auteurs s'accordent à penser que le cercle représente l'ensemble indifférencié tête-tronc et que les détails de la face montrent que dans cet ensemble la représentation du visage prend le pas sur celle du tronc.

Prudhommeau a fait remarquer que le bonhomme têtard pouvait présenter deux types particuliers : un type statique et un type dynamique. Tandis que le bonhomme têtard statique est vu de face et paraît immobile, le type dynamique est représenté au cours d'une action, symbolisée non par le mouvement lui-même, mais par l'objet auquel elle s'applique. «C'est par un mouvement orienté vers l'objet devenant un mouvement de contact avec l'objet que se manifeste la première indication de dynamisme chez le bonhomme têtard. Les bras étant bilatéraux, l'enfant va représenter à l'extrémité de l'un d'entre eux un objet. C'est presque toujours à droite que ce premier groupement dynamique est réalisé, l'enfant qui tient son crayon de la main droite trouve logique que l'objet soit placé du même côté pour son bonhomme. Mais en procédant ainsi, l'objet est manié de la main gauche alors que l'intention de l'enfant est inverse.»

Il arrive que le bonhomme têtard évolue par l'adjonction de détails (mains et pieds, particularités du visage, oreilles, cheveux) sans que l'indistinction face-tronc soit corrigée. En général, l'évolution se poursuit dans le sens d'une différenciation croissante du cercle comme visage, tandis que le tronc est virtuellement représenté par l'espace délimité entre les deux traits verticaux représentant les jambes, du moins dans leur partie supérieure en dessous du cercle. Il s'agit donc d'un espace ouvert vers le bas mais dont l'appartenance au corps comme figuration du tronc est rendue vraisemblable par la longueur anormale des jambes, sa coloration fréquente et surtout par la disposition dans cet espace de détails appartenant au tronc (boutons, détails vestimentaires).

Dans d'autres cas, cet espace est rempli par une protubérance, pendue au bas du cercle entre les deux jambes. Cette forme arrondie se développe donc entre les deux jambes et l'implantation de ces dernières sur le cercle supérieur figurant la tête constitue une anomalie que l'enfant finit par corriger en confondant la partie supérieure des traits figurant les jambes et la partie latérale de l'ovoïde inférieur figurant le tronc.

Il y a donc entre quatre et cinq ans une période de transition où le type du bonhomme têtard est abandonné sans que soit encore réalisé le bonhomme-type. C'est cette période de transition que J. Thomazi a bien étudiée en individualisant les types que nous venons de décrire.

Le *bonhomme-type* correspond au schéma que l'adulte se fait du personnage humain : deux ovoïdes, l'un supérieur, figurant le visage, l'autre inférieur, figurant le tronc, sont juxtaposés, les bras s'implantant sur la partie supérieure de l'ovoïde inférieur, les jambes sur la partie inférieure. Le bonhomme a alors une tête, un tronc et des membres. Il est correctement réalisé par des enfants de cinq ans et va évoluer dans le sens d'une augmentation des détails. Les membres seront dotés d'un double contour vers sept ans, tandis que des détails vestimentaires permettent d'identifier le sexe du personnage.

Vers huit ans, l'articulation entre l'ovoïde de la face et celui du tronc se fera par un segment tronculaire plus petit figurant le cou.

Pour ce bonhomme-type, vu de face, Prudhommeau distingue également un type statique et un type dynamique. Le dynamisme sera figuré, comme pour le bonhomme têtard, par la représentation d'un objet, mais l'enfant s'efforcera ici de figurer l'action par le geste lui-même. Dans ce cas, le bras sera incliné selon un angle variable, en rapport avec la nature de l'objet et de sa fonction. Vers le bas, s'il s'agit d'une canne, vers le haut s'il s'agit d'un parapluie, pour reprendre l'exemple cité par Prudhommeau.

Ces deux types, statique et dynamique, s'orienteront dans deux directions différentes : portrait statique d'un personnage ou expression schématique du mouvement. Dans un cas, importe la représentation de l'individu, dans l'autre, celle du geste.

La représentation du *bonhomme vu de profil* succède à celle du bonhomme vu de face. Ce passage, contrairement aux précédents, ne fait pas disparaître le modèle antérieur : l'enfant dispose alors de deux types de représentation. Prudhommeau a apporté une ingénieuse explication de l'apparition du bonhomme vu de profil : celui-ci serait l'épanouissement normal du bonhomme «dynamique». Dans un premier temps, le profil se manifeste par le geste, c'est-à-dire par les mouvements des bras. Dans un second temps, l'enfant passe au profil du corps et des pieds. Enfin, dans un troisième temps, le profil de la tête complète celui du corps. Ce profil est souvent orienté vers la gauche. C'est là une observation rapportée par de nombreux auteurs et René Zazzo[5] a consacré à ce fait une importante étude en 1942 publiée avec un préambule nouveau en 1949.

Il semble que cette ordonnance du profil à gauche soit d'abord un effet de notre motricité et «révèle par son orientation le mouvement même de la main : s'il est tourné vers la gauche, c'est que la main trace des ronds dans le sens inverse des aiguilles d'une montre, avec point de départ en haut». D'ailleurs, l'orientation senestrogyre se retrouve avant le dessin de profil dans le tracé de l'ovoïde du bonhomme têtard, c'est elle aussi qui donne son orientation aux boucles de l'écriture cursive. Fait qui confirme au moins partiellement cette explication : les gauchers, quand ils dessinent de la main gauche, auraient tendance à tourner le profil vers la droite.

L'échelle de Goodenough

En 1926, Florence Goodenough[6] établissait les bases d'un test d'intelligence s'appuyant sur la représentation d'un bonhomme. La technique en est fort simple, et la passation du test peut être collective. On donne à chaque enfant une feuille de papier et un crayon en lui demandant : «Dessinez un bonhomme de face le mieux que vous pouvez.» À toute question, on répond : «Faites comme cela vous semblera le mieux.» On précise qu'il n'existe aucune limite de temps. Ce qui importe surtout, c'est que l'enfant donne le dessin le plus complet qu'il puisse faire. L'interprétation du test repose en effet sur un système de cotation qui tient compte de tous les détails et de tous les éléments que l'enfant fait figurer sur son dessin. Chaque élément compte pour un point. En voici quelques exemples :

1. Tête présente : 1 point.
2. Jambes présentes — les deux de face ou une de profil — s'il n'y a qu'une jambe avec deux pieds, le résultat est positif : 1 point.
3. Bras présents — les doigts seuls ne suffisent pas, sauf au cas où un espace est laissé entre ceux-ci et le corps : 1 point.

7b. Nez présent : 1 point.
7c. Bouche présente : 1 point.
7d. Nez et bouche représentés par deux traits; les deux lèvres indiquées : 1 point.
7e. Narines représentées : 1 point.

Il existe ainsi 52 rubriques numérotées de 1 à 18b. On fait la somme des points obtenus et on obtient un chiffre allant de 0 à 52. Une étude statistique a permis d'établir un barème d'âge. Pour trois ans, le score moyen est de deux points, pour sept ans, de 18, pour treize ans, de 42.

Ce système de notation permet une évaluation assez souple du développement du dessin. Des études comparatives faites par Goodenough ont montré que le test est étroitement corrélé aux autres tests d'intelligence, ainsi d'ailleurs qu'à l'appréciation des professeurs. Il peut être répété aussi souvent qu'on le désire et permet ainsi un contrôle périodique du développement intellectuel[7].

L'échelle de Wintsch

Elle corrobore celle de Goodenough, mais beaucoup plus simple, elle permet une évaluation plus rapide; elle est évidemment moins sensible. Elle se résume à huit niveaux d'appréciation :

20 mois : début des gribouillages;
3 ans : premiers dessins de bonshommes : un rond et deux bâtons qui en descendent;
4 ans : deux points dans le rond pour les yeux;
5 ans : apparition du tronc, c'est-à-dire d'un rond entre la tête et les jambes (en outre, nez et bouche);
6 ans : membres mal articulés;
7 ans : membres à double contour, parfois, et déjà hommes et femmes se distinguent par quelques traits de costume;
8 ans : apparition du cou;
9 ans et au-delà : détails de plus en plus nombreux et construction meilleure.

Le test de Fay

Fay a cherché également à établir une échelle mesurant le développement des aptitudes graphiques en corrélation avec le développement intellectuel. Il s'est servi d'un dessin exécuté après la consigne suivante : «Dessine : une femme se promène et il pleut.» Les dessins sont cotés selon les idées exprimées, les éléments représentés. Cinq idées correspondent à la consigne : une femme — elle se promène — elle se trouve dans un paysage donné — il pleut — elle se protège contre la pluie. Chacun de ces éléments appelle des détails qui sont l'objet d'une cotation reposant sur un barème allant de ¼ à 2 points.

Par exemple :

pour «la femme»,

a) si le personnage est schématisé au point de ne représenter qu'un vague bonhomme, 0 point;

b) si le personnage a un chignon pour seul attribut utile, on cote ½;

c) si le personnage a une jupe pour seul attribut féminin, 1 point;

d) si le personnage a plus de quatre attributs féminins (ex. : jupe, poitrine arrondie, chignon, chapeau à plumes, sac à main, bottines à talons hauts, boucles d'oreilles), on compte ¼ de point en plus par attribut supplémentaire.

Pour «la femme s'abrite»,

a) avec un parapluie : s'il n'est pas tenu en main, ½ point, s'il est tenu en main, 1 point;

b) avec un capuchon ou un imperméable, 1 point.

La somme des points obtenus donne un chiffre qui correspond à un âge donné de six à quatorze ans. Les résultats seraient assez concordants avec ceux du test de Binet-Simon. Ils ont été étalonnés par Fay après étude de 6 000 enfants âgés de six à quatorze ans.

Les trois échelles, de Goodenough, Wintsch et Fay, suscitent les mêmes réserves : est-on sûr de mesurer seulement le développement des aptitudes graphiques liées à l'intelligence de l'enfant ? Non seulement, la représentation du bonhomme dépend du schéma corporel, des aptitudes motrices, mais surtout, il semble bien que le caractère de l'enfant s'y exprime. Madame Boutonnier a excellemment formulé ces réserves : «Nous ne prétendons pas, certes, que l'étalonnage du test soit discutable, ni sa valeur contestable. Mais nous lui reprochons de ne rien voir de plus, dans le dessin d'un "bonhomme", que les éléments d'une connaissance intellectuelle de l'objet, qui n'est certes pas négligeable, mais qui est, justement, ce qu'il y a de moins caractéristique dans le dessin. Il n'est pas étonnant que les résultats de ce test coïncident le plus souvent avec ceux de Binet-Simon, puisqu'il est construit de telle manière qu'il fait appel aux mêmes fonctions et qu'il a les mêmes défauts ou les mêmes qualités si l'on veut. Ce test, tel qu'il est conçu, est une sorte d'analyse logique du "bonhomme". Il nous renseigne sur le dessin et sur l'enfant à peu près comme une analyse grammaticale nous renseigne sur une phrase, renseignements exacts mais squelettiques et fort incomplets.»

Un enfant affectivement épanoui n'est pas gêné dans son expression graphique si celle-ci correspond à sa maturité intellectuelle. À l'inverse, un enfant présentant d'importants conflits affectifs et des anomalies du caractère produit un dessin où ces conflits et ces anomalies sont cause d'erreurs et d'insuffisances qu'il serait erroné d'imputer à un défaut de maturité intellectuelle. Une observation du Pr Fontes de Lisbonne[8], citée par madame Boutonnier, est à cet égard très significative : dans des dessins où figurent des garçons et des filles, la petite fille qui en est l'auteur représente le garçon sous une forme très rudimentaire, alors que la fille est représentée sous des traits beaucoup plus évolués. Il est évident que l'application des échelles type Goodenough donnerait des résultats discordants s'il s'agit de l'une ou l'autre des figures. Nous verrons que l'épreuve du dessin du bonhomme est non seulement utilisée pour mesurer l'intelligence mais aussi pour évaluer la personnalité de l'enfant.

Le dessin d'après nature

Il a été proposé par André Rey[9] comme épreuve d'intelligence. On dispose en escalier six cubes que l'on présente à l'enfant successivement de profil et de face. On lui demande de les dessiner selon les deux points de vue. L'auteur constate que les résultats de cette épreuve concordent avec ceux qu'il observe par le test de Fay auquel il applique un système de cotation tout à fait comparable à l'échelle de Goodenough.

c) Les épreuves mixtes — la feuille d'examen de Prudhommeau

Il s'agit d'une épreuve qui utilise conjointement la reproduction de formes géométriques et celle d'objets naturels.

Son but est de fixer un niveau mental à l'aide d'une épreuve collective non verbale qui peut être appliquée par toute personne, même non initiée à la méthode des tests. Elle s'adresse aux enfants d'âge scolaire, elle peut être pratiquée par correspondance, et Prudhommeau rapporte : «Lorsqu'une institutrice inexpérimentée se voyait confier une classe de perfectionnement pour enfants anormaux et n'avait personne sur place pour la conseiller sur le choix de ses élèves, des feuilles lui étaient envoyées, elles les faisait remplir et me les retournait ; il était alors possible de lui donner tous les conseils utiles pour composer et conduire sa classe. »

On voit que l'objectif correspond à celui recherché par les échelles de Goodenough et de Fay.

On utilise une feuille d'un format identique à celui d'une feuille de cahier ordinaire. Elle est divisée verticalement en trois colonnes doubles. Dans chacune, sur la partie gauche, se trouvent disposés de haut en bas six dessins à copier. Dans la partie droite de chaque colonne double, six cases blanches correspondant aux dessins sont réservées à la copie. Au total, on dispose de dix-huit dessins répartis en trois colonnes, auxquels correspondent dix-huit cases blanches. Ces dessins sont soit des images géométriques, soit des figures représentatives (rond, carré, losange, bonhomme de face, bonhomme de trois quarts, bonhomme de profil, église, arbre, poisson profil à droite, etc.). On donne une heure pour la reproduction des dix-huit dessins.

L'interprétation repose non sur la cotation à l'aide d'une échelle, mais sur l'appréciation clinique. Les conclusions n'apportent donc aucun résultat numérique, sous forme d'un classement de l'enfant par rapport à un groupe du même âge, ou sous forme d'âge mental. Il s'agit, en somme, d'une épreuve clinique et non psychométrique s'appuyant sur un matériel standardisé. Elle s'oppose en cela au test du bonhomme.

Quelle est en définitive la place qu'occupent ces épreuves de dessin dans l'appréciation de l'intelligence ? Si nous considérons les aptitudes perceptives, la mémoire, le développement psychomoteur, des épreuves du type test de Bender ou figures de Rey sont très utiles. Si nous envisageons l'intelligence dans un sens plus général, nous pouvons dire qu'il n'est pas possible à l'aide des tests de dessin d'évaluer un niveau intellectuel avec une précision suffisante.

Des épreuves qui tiennent compte du nombre des détails (comme les échelles de Goodenough et de Fay) favorisent les minutieux et sont un handicap pour les timides, les anxieux, les maladroits. Toutefois, l'avantage de ces tests de dessin est de permettre une évaluation rapide en se servant d'une tâche qui plaît à l'enfant et favorise ainsi le contact que nous établissons avec lui. Il serait tout aussi regrettable de leur attribuer la place principale que de les exclure de nos méthodes d'investigation.

B. Les épreuves de dessin et l'étude de la personnalité

Prudhommeau avait souligné que l'examen de la feuille comportant les dix-huit dessins à compléter permettait de tirer des conclusions aussi intéressantes quant au caractère que pour la connaissance du niveau mental. Il s'agit donc d'une épreuve mixte d'intelligence et de personnalité.

Nous avons vu qu'il en était de même pour la reproduction du bonhomme. La qualité de son exécution dépend certes de la maturité intellectuelle, mais dans une certaine mesure, de l'équilibre affectif. En outre, l'examen le plus superficiel du bonhomme montre, à côté de la perfection des détails, un style général qui nous renseigne sur le caractère de l'enfant. Il y aura des bonshommes alertes, dynamiques, il y en aura d'autres figés, hiératiques. Or, il ne s'agit pas ici d'une différence d'habileté. Car le bonhomme dynamique peut être représenté de manière extrêmement maladroite, ce qui n'ôte rien à son allure ni à son style, tandis qu'un personnage immobile, sévère ou inexpressif peut être représenté avec beaucoup de soin.

Ces observations ont conduit Karen Machover à se servir de la représentation de la figure humaine comme test projectif[10]. En 1949, elle proposait le test HFD (Human Figure Drawing) qui utilisait la représentation d'un bonhomme pour sa valeur projective. L'enfant doit dessiner un personnage, puis un second de l'autre sexe. En général, les enfants commencent par représenter le personnage de leur sexe. Ce premier personnage a une grande valeur projective. Mais celui du sexe opposé est également très instructif pour la représentation que se fait l'enfant de l'entourage. Ainsi, les enfants, à travers ces personnages, projettent l'image de leur propre corps et l'idée qu'ils se font d'eux-mêmes, leur attitude envers l'entourage, envers l'adulte qui les examine, envers la vie en général. Dans la feuille de notation mise au point par Karen Machover, on consigne le comportement de l'enfant, la description du dessin, sa taille, sa disposition sur la feuille, la présentation générale, le mouvement, les parties omises ou raturées, le visage, l'habillement, le graphisme (force, continuité et direction du trait), le nombre des détails, l'équilibre et la précision de la forme, les hachures. Dans l'interprétation du test, une assez grande marge est laissée aux interprétations du psychologue.

Le test de la maison de Françoise Minkowska repose sur la richesse des évocations symboliques suscitées par l'idée de maison[11].

L'épreuve est des plus simples. On demande à l'enfant de dessiner une maison, sans préciser davantage. Il dispose de crayons de couleur et d'une feuille de papier. L'interprétation ne repose sur aucun système de notation mais sur l'appréciation clinique. L'étude du test a été pratiquée en confrontant les données formelles du dessin à la typologie constitutionnelle sensoriel-rationnel, et à une psychologie différentielle de divers groupes ethniques.

En comparant test du bonhomme et test de la maison, les auteurs notent que «sur le plan de la typologie constitutionnelle, les deux tests, en plein accord, mettent en évidence les traits spécifiques des types rationnels, affectifs et sensoriels, de même que des types associés. La rigidité, l'immobilité, la précision de la forme, l'absence de monde ambiant se retrouvent dans l'attitude ainsi que dans les détails du vêtement du bonhomme, chez le type rationnel. Chez le type sensoriel, par contre, la maison sans forme précise, plongée dans le monde ambiant (soleil, ciel, oiseau, arbres, fleurs), le tout uni, va de pair avec le bonhomme qui, au lieu d'être présenté d'une façon isolée, se trouve rattaché d'une manière immédiate au même monde.» Ainsi se retrouvent, tant dans la représentation du bonhomme que dans celle de la maison, les styles caractéristiques de ces deux catégories typologiques.

F. Minkowska a appliqué son test dans les collectivités d'enfants de toute origine, réfugiés en France à l'occasion de la guerre. Elle remarque que le dessin de la maison reflète, de la manière la plus nette, l'appartenance socioculturelle de l'enfant : «Les enfants polonais ont choisi de préférence le rose et l'orange en opposition au noir, les couleurs venant s'ajouter à la profusion de fleurs plaquées quelquefois sur la maison qui créent une atmosphère sentimentale, aux dépens de la forme et de la structure de la maison. Les mêmes couleurs, toutefois moins vives, plus atténuées, apparaissent chez les enfants juifs-polonais qui, en liaison avec les autres traits caractéristiques, indiquent la prédominance du facteur affectif. Par contre, chez les enfants juifs-hongrois et les enfants espagnols, à côté de la préférence accordée à certaines couleurs (brun, bleu pour les Hongrois, ocre pour les Espagnols), la maison conserve la structure caractéristique de leur pays.»

Il semble que nous disposions là d'un élément signifiant tout aussi riche que la figure humaine. D'ailleurs, souvent, la maison est représentée d'une manière franchement anthropomorphique : les deux fenêtres représentent les yeux, la porte la bouche. Il y a là une valeur symbolique qui se retrouve par-delà toutes les diversifications, dans les milieux sociaux et les groupes culturels les plus variés.

Le test de l'arbre

On a depuis longtemps mis l'accent sur les possibilités expressives du dessin de l'arbre. La facilité de sa représentation, l'extrême liberté que le sujet offre aux variantes stylistiques permettent à l'enfant de se livrer à l'occasion de ce dessin à des innovations de forme, des inventions de détails, qui en font un matériel graphique particulièrement évocateur. Le bonhomme, la maison imposent un schème assez stéréotypé, l'arbre, au contraire, échappe à cette contrainte.

D'autre part, comme la maison, l'arbre se prête à des assimilations anthropomorphiques. Il figure d'ailleurs plus une représentation morale qu'une représentation physique de l'être humain. Son tronc symbolise l'autonomie, ses racines plongent dans la terre nourricière, ses tiges et ses feuilles s'épanouissent dans le milieu ambiant.

C'est à Karl Koch[12] que l'on doit l'étude systématique avec vérification statistique du dessin de l'arbre. En France, Renée Stora[13] s'intéressa très tôt aux travaux encore inédits de Koch. Elle poursuivit l'étude du test, proposant de légères modifications dans l'application des consignes et une méthode d'interprétation personnelle. Elle a publié une revue des différentes méthodes d'interprétation[14].

Nous résumerons brièvement la technique de Koch avant d'envisager les correctifs apportés par Renée Stora. Koch demande au sujet de dessiner «un arbre», «un arbre mais pas un sapin» ou encore «un arbre fruitier». Sa technique d'interprétation s'appuie sur les données graphologiques. Il utilise deux séries de concepts. D'une part, il a recours à l'analyse formelle des traits : retouches, ratures, maladresses, vigueur ou hésitation du tracé, etc. Dans un exemple cité par Renée Stora, nous voyons le sujet qui termine l'extrémité supérieure du tronc par des retouches hésitantes, appuyées et maladroites. Dans ce cas, il était difficile d'articuler les branchages avec l'extrémité supérieure du tronc car celui-ci avait été initialement conçu d'une manière conique très effilée. D'où la nécessité de corriger cette partie du dessin, mais, au lieu d'apporter une solution nette et constructive, nous voyons le sujet se livrer à un rapiéçage. Or, ce trait de comportement appartient à son caractère même : de la sorte, dans son travail, il est continuellement en train de retoucher de manière maladroite un travail au départ grevé de fautes d'étourderie. Le trait graphique extériorise donc dans une tâche particulière celle de dessiner un arbre, un type de conduite qui révèle un trait de caractère. Mais ces recoupements sont rendus possibles par notre connaissance du cas clinique. Lorsque celle-ci nous échappe, ce qui est plus ou moins le cas dans une situation de test, l'interprétation est plus difficile. Ces analyses portent sur des anomalies discrètes qui nous apparaissent isolées de tout contexte, le comportement qu'elles expriment n'a duré que quelques minutes : le temps de dessiner l'arbre. Aussi, le psychologue doit être soigneusement averti du caractère aberrant ou «normal» de tel trait, de sa fréquence. Ceci suppose une grande expérience clinique, et les données statistiques ne peuvent y suppléer tout à fait. Car s'il était facile de coter ces anomalies, nous serions déjà arrivés au but que nous nous proposons : celui de pouvoir lire le dessin de l'arbre. C'est cette lecture qui nous permettra d'interpréter les comportements significatifs du sujet et de reconnaître le style de la conduite qui a permis l'accomplissement de la tâche. En somme, face au test de l'arbre, le psychologue se trouve devant le même problème que le clinicien qui doit distinguer l'incidence pathologique d'un trait de comportement, différencier par exemple l'intimidation normale d'un sujet face à une épreuve réelle et la timidité pathologique. Il faut savoir les reconnaître avant de procéder à toute évaluation statistique. Une autre vérification est indispensable lorsqu'on applique le test de Koch à l'enfant : il faut préciser quelles sont les particularités graphiques qui dépendent de son degré de maturité. Il ne faut pas, en effet, traiter comme un signe pathologique une expression stylistique habituelle chez des enfants d'un âge déterminé. Dans son livre, Koch nous présente les résultats de la minutieuse enquête qu'il a poursuivie à cet effet : 2 641 dessins effectués par 255 élèves de six à sept ans et par 592 garçons et filles de six à seize ans, auxquels il a ajouté l'observation de dessins d'autres groupes pathologiques, sociaux ou ethniques. Ces documents lui ont permis de transcrire en chiffres ses observations sur le développement du dessin de l'arbre. Des pourcentages, des vérifications statistiques lui permettent ainsi de décrire les «formes premières» du dessin et de mettre en valeur l'importance de la régression, c'est-à-dire l'existence de formes archaïques de réalisation, dans l'accomplissement de l'épreuve chez le grand enfant ou chez l'adulte.

Les interprétations graphologiques de Koch ne se limitent pas à ces données, très proches en somme d'une étude du comportement. Koch prête à l'espace graphique une signification symbolique qui repose sur le schéma de Max Pulver. On retrouve ici les quatre zones symboliques : le haut, qui représente la zone de l'esprit et de l'épanouissement dans le monde ambiant, le bas, qui exprime la zone des tendances érotiques, des pulsions biologiques et notre appartenance au monde collectif, la gauche, qui figure le passé, l'introversion, les fixations infantiles, et la droite, qui symbolise l'avenir, l'extraversion, l'autorité. Au centre se projette le moi du sujet qui tente d'associer ces différentes tendances. Les diagonales représentent des combinaisons aisément déductibles de ces quadrants fondamentaux. Selon Koch, l'arbre comme l'écriture se projette de manière significative dans cet espace symbolique. On peut d'ailleurs interpréter symboliquement l'arbre lui-même et considérer le tronc comme représentant le moi stable de l'individu, la zone des idées, les racines comme signe de l'appartenance au monde collectif, le branchage comme expression de la manière dont l'individu exploite ses possibilités et dont il s'adapte à l'univers ambiant tout en prenant son autonomie. Koch s'est livré à de curieuses expériences de dessin sous hypnose pour justifier cette interprétation : en suggérant certains sentiments comme la colère ou la crainte, le dessin de l'arbre exécuté durant la phase de suggestion hypnotique manifestait nettement cette tonalité émotive.

Il faut être extrêmement prudent pour appliquer cette clef symbolique qui se prête certes à des interprétations faciles et brillantes, mais qui relèvent davantage d'une méthodologie que l'on retrouve dans l'astrologie ou la cartomancie que d'une étude objective du comportement. Ce qui demeure la part la plus valable de la méthode d'interprétation de Koch est son analyse des détails. Elle ne permet toutefois pas de donner au test une validation numérique et constitue une variante de l'exploration clinique plus qu'une épreuve psychométrique.

Renée Stora s'est efforcée de pallier ces insuffisances. Elle a mis au point une échelle de maturité affective. À partir des dessins de garçons et de filles âgés de quatre à quinze ans, elle a isolé des traits caractéristiques et établi des pourcentages qui permettent de déterminer un profil spécifique à chaque âge et à chaque sexe. Elle a également isolé des «significations psychologiques», 126 significations de base qui portent sur des traits psychologiques de l'enfant et 61 significations générales de tracés qui s'appuient sur les données générales du test (enfants et adultes). Elle a, en outre, relevé des constellations de tracés, étudiant par exemple quel type de tracé était statistiquement significatif de la peur, ou étudiant les corrélations entre telle particularité graphique et telle autre : par exemple, la disposition «haut dans la page» est liée à la position «gauche tendance centre».

Disposant ainsi de catégories psychologiques et de catégories formelles, elle peut statistiquement démontrer, par exemple, que les constellations «feuillage largeur 1 case» – «feuillage descendant» et «appuyé en tronc» sont significatifs d'une intelligence inférieure pour une fillette de sept ans. Ainsi, le praticien, après avoir relevé une constellation dans le dessin étudié, peut se «reporter au commentaire pour comprendre le rôle et l'importance de chaque tracé à l'intérieur de cette constellation dans laquelle il s'intègre».

On voit tout ce qui distingue les interprétations symboliques et une validation statistique. L'important est évidemment de savoir si ces constellations de tracé se trouvent statistiquement significatives pour les traits psychologiques qui sont intéressants à mesurer. Pour enrichir ce pouvoir d'expression du test, Renée Stora propose des modifications de technique. Avec la consigne : «Dessinez un arbre, n'importe lequel, comme vous voulez, mais pas un sapin», on donne une première feuille. Le premier dessin terminé, on donne une seconde feuille semblable à la première avec pour consigne : «Dessinez un autre arbre, n'importe lequel, comme vous voulez, mais pas un sapin». Après avoir recueilli ce second dessin, on donne au sujet une troisième feuille, de même format, en lui demandant : «Dessinez un arbre de rêve, un arbre d'imagination, un arbre qui n'est pas dans la réalité, dessinez-le comme vous voulez.» Enfin, en procédant toujours de le même manière, on demande un quatrième dessin avec pour consigne : «Dessinez un arbre, n'importe lequel, comme vous voulez, mais en fermant les yeux.»

Ainsi, souligne l'auteur : «"le film" de la vie intérieure du sujet se déroule pour ainsi dire de consigne en consigne sans qu'une ingérence extérieure vienne en influencer le cours et l'"enregistrement" demeure. Le sujet est saisi par rapport à son entourage (étranger : premier arbre, proche : deuxième arbre). Le poids de certaines expériences passées non liquidées s'observe grâce à l'interprétation du quatrième arbre (technique Spielrien intégrée dans la nôtre) et la façon dont celles-ci sont actuellement vécues par la confrontation du quatrième avec les deux premiers. Le troisième arbre (technique Montessori non publiée par lui et intégrée dans la nôtre) donne un aperçu sur les tendances insatisfaites et sur ce vers quoi tend le sujet (confrontation du troisième avec les deux premiers).»

Une telle méthode apporte aux travaux de Koch la base objective qui lui manquait. Mais le repérage des traits distinctifs nécessite une pratique étendue. Les perfectionnements apportés à la technique d'interprétation supposent, de la part du psychologue, une formation approfondie. Le test de l'arbre, de mode d'appoint dans l'examen clinique de l'enfant, devient une épreuve psychométrique complexe.

Le dessin de la famille

Il y a déjà de nombreuses années qu'avait été mentionné l'intérêt du dessin de famille. En 1937, dans son article sur les dessins d'enfants difficiles, Trude Traube avait, la première, suggéré l'intérêt d'une étude systématique. Cette idée fut reprise par Françoise Minkowska, qui voyait dans le dessin de la famille un mode d'expression privilégié des conflits familiaux.

Mais c'est au Pr Maurice Porot que revient le mérite d'avoir cherché à codifier cette situation d'examen.

La technique en est des plus simples. La consigne consiste à dire à l'enfant : «Dessine ta famille», tandis qu'on lui présente à cet effet une feuille de papier et un crayon noir. Il faut ensuite observer l'enfant pendant qu'il dessine; noter l'ordre d'arrivée des personnages, les éventuels retours en arrière, les ratures, les hésitations.

Pendant et après l'exécution du dessin, on recueille soigneusement les commentaires et tout principalement les noms que l'enfant donne à ses personnages. Il suffit ensuite d'analyser avec soin le contenu.

On étudie la composition de la famille (un ou plusieurs membres peuvent ne pas être dessinés). On note aussi la place, la taille et la forme de chacun des personnages figurés. Existe-t-il des *places privilégiées* ? Lorsque les personnages sont disposés sur deux rangées (ils ne le sont jamais sur plus de deux), c'est la rangée supérieure qui paraît prendre le pas. L'ordre d'arrivée est très significatif et le premier personnage dessiné (souvent dans l'angle supérieur gauche) est fréquemment le membre de la famille qui joue dans la vie de l'enfant le rôle le plus important. Plus significative encore est la répartition d'ensemble de la famille (tous les enfants d'un côté, père et mère réunis ou au contraire séparés, etc.).

De même, la *taille* des personnages est à considérer, la qualité de la représentation, l'importance des attributs (vêtements, signes distinctifs). Il sera toujours intéressant de repérer un personnage bâclé ou inachevé (absence de bras ou de mains). Enfin, la place que l'enfant se donne est éloquente.

Mais si tous ces renseignements paraissent significatifs, encore faut-il s'entendre sur ce qu'ils signifient. Est-ce sa famille telle que l'enfant la voit, telle qu'il la souhaite, telle qu'il la craint, que l'enfant dessine ? On conçoit que tout détail puisse être interprété selon le contexte dans des sens rigoureusement opposés. Lorsque le dessin est pratiqué au cours d'une consultation et qu'il sert d'amorce pour une conversation avec l'enfant, son interprétation est plus facile. L'omission d'un personnage, un frère ou une sœur par exemple, peut signifier que l'enfant voit ce frère ou cette sœur comme exclu de la famille ou au contraire exprimer son désir de l'en voir exclu. S'il s'agit d'un problème que nous n'avons pas encore évoqué au cours de la consultation, il sera facile dans l'entretien de préciser les sentiments de l'enfant à l'égard du personnage exclu et le dessin aura eu le mérite d'attirer notre attention sur un point particulier de la constellation familiale que nous n'aurions peut-être pas, sans cela, exploré. Il est ainsi facile d'opposer les dessins équilibrés, sans bizarrerie, qui nous permettent de penser qu'il y a dans les relations familiales de ces enfants un équilibre de base satisfaisant, à ceux où nous constatons d'importantes anomalies : elles nous font supposer qu'il existe des problèmes affectifs importants, mais il faudra se garder d'aller trop loin dans l'interprétation de ces anomalies et le dessin nous sert de point de départ pour un entretien plus approfondi avec l'enfant qui nous renseignera davantage sur la nature de ses problèmes affectifs.

Peut-on également utiliser le dessin de la famille comme un test et l'interpréter en dehors de l'examen clinique ?

Cain et Gomila se sont efforcés de codifier avec plus de précision l'interprétation[15]. Leur étude, toutefois, précise les critères de normalité plutôt qu'elle ne détermine les indices pathologiques et leur signification. Elle confirme le fait que le dessin de la famille nous renseigne davantage sur l'existence des conflits affectifs que sur leur nature.

Louis Corman[16] a consacré à ce sujet un très important travail. Il a apporté à la technique quelques modifications. La consigne n'est plus «dessine ta famille», mais «dessine-moi une famille», ou «Imagine une famille de ton invention et dessine-la». L'entretien, le dessin une fois achevé, est plus standardisé. Après avoir discrètement loué l'enfant, on lui pose une série de questions. «Cette famille que tu as imaginée, tu vas me la raconter», puis «où sont-ils ?» et «que font-ils là ?» On lui demande de désigner toutes les personnes dessinées, en faisant préciser pour chacune son rôle, son sexe, son âge. Il s'agit ensuite de faire dire quelles sont les préférences des uns pour les autres. Quatre questions illustrent le canevas de cette partie de l'entretien : «Quel est le plus gentil de tous dans cette famille ? Quel est le moins gentil de tous ? Quel est le plus heureux ? Quel est le moins heureux ?» Après chaque réponse, on demande à l'enfant de donner ses raisons. L'entretien se poursuit en interrogeant l'enfant sur le personnage qu'il préfère. Suivant les circonstances, on l'invite à imaginer une histoire à propos de cette famille. Enfin, on lui demande de désigner le personnage qu'il serait s'il en faisait partie.

Ces précisions sur la technique du test appellent deux remarques. En demandant à l'enfant de dessiner une famille imaginaire, on peut explorer avec plus de précision les sentiments qu'il projette sur elle; tâche plus délicate quand c'est sa propre famille qu'on lui demande de dessiner. La deuxième remarque porte sur l'étendue des questions posées. Comme le souligne Corman, «il ne s'agit pas ici d'imposer un questionnaire rigide, mais de s'inspirer des circonstances et d'amener autant que possible l'enfant à s'exprimer de lui-même sans aucune contrainte». Le test du dessin devient ainsi l'occasion d'un entretien semi-dirigé portant sur les relations familiales. Mais il est important de souligner que l'entretien porte ici sur une famille imaginaire et qu'il s'agit donc bien d'une épreuve projective.

L'interprétation opère à trois niveaux : le niveau graphique, le niveau des structures formelles et enfin celui du contenu.

Le niveau graphique tient compte du trait, de son ampleur et de sa force, de la répartition du dessin sur la page. Corman s'inspire ici des données graphologiques et en particulier de la théorie de Pulver. Au niveau des structures formelles, l'auteur tient compte du degré de maturation du dessin, du style de représentation du personnage humain et des observations de Françoise Minkowska à propos du couple typologique rationnel-sensoriel.

C'est évidemment au plan du contenu que le test du dessin de la famille prend toute sa valeur. Corman met l'accent sur quelques aspects de la théorie psychanalytique dont l'application lui paraît fructueuse. Ainsi, il conviendrait d'opposer les enfants qui se projettent sur un personnage, idéalement magnifié, à ceux qui se représentent sous les traits d'un personnage dévalorisé. Les seconds exprimeraient par là une angoisse à l'égard d'images parentales intériorisées dans l'instance psychique du sur-moi.

Ces interprétations, on le voit, ne tendent pas à une formulation quantitative des résultats. Elles complètent celles de Porot et confirment que le test du dessin de la famille est avant tout un temps de l'examen clinique.

Pour corman, les données statistiques n'ont pour valeur que de confirmer la validité de l'épreuve, elles fournissent au praticien du test une «base de départ très utile». Ses analyses de la rivalité fraternelle et des sentiments «œdipiens» qui s'expriment à travers le dessin s'appuient sur une large investigation clinique. D'ailleurs, à propos des sentiments «œdipiens», on note que c'est souvent l'exclusion systématique de tout élément en rapport avec ces sentiments qui est l'indice d'un conflit dans ce domaine. Bref, le test du dessin de la famille contitue une épreuve qui facilite l'investigation clinique plus qu'elle ne la remplace. «Le dessin de la famille, rappelons-le encore, ne nous fournissant que des probabilités, on devra, chaque fois que c'est possible, pratiquer d'autres investigations afin d'augmenter la probabilité par les convergences d'indices. Nous avons fait un constant usage de cette méthode dans les cas de ce livre, et l'on a pu voir quelle force probante cela donne à nos déductions», nous rappelle Corman.

Peut-on alors tenir le dessin de la famille ou d'une famille comme un test ? Il s'agit plutôt d'une situation privilégiée qui favorise l'expression des sentiments de l'enfant et enrichit les données de l'examen.

Le test HTP (House, Tree, Personnage) entend élargir le champ projectif en utilisant les avantages respectifs des trois thèmes dont nous venons d'étudier les applications. Buck, qui en est l'auteur, est un élève de Florence Goodenough. Au départ, le test HTP était destiné à mesurer l'intelligence de manière plus précise que le test du bonhomme, mais Buck s'aperçut que chacun des trois dessins demandés pouvait servir de test de personnalité. Pour cela, l'auteur tient compte des commentaires du sujet, pendant et après la réalisation du dessin. Les dessins sont comparés à ceux fournis par la moyenne du groupe auquel le sujet appartient. Deviennent pathologiques les tracés qui s'écartent de cette moyenne.

La pratique du test HTP est assez complexe et la technique de l'interprétation est comparable à celle des tests projectifs les plus élaborés. Sans appliquer strictement la méthode de Buck, nombreux sont les psychologues et les psychiatres qui ont noté l'intérêt d'associer le test du bonhomme, celui de l'arbre et celui de la maison.

On pourrait multiplier la revue des épreuves d'exploration du caractère utilisant le dessin.

Le dessin libre a été proposé depuis longtemps et est entré dans la pratique courante. L'absence de toute standardisation possible en fait plus un élément d'approche clinique qu'un test véritable. Raven, en Angleterre, a essayé d'y apporter une certaine standardisation (test de projection contrôlée). Pour un clinicien expérimenté, le dessin libre apporte en effet des éléments intéressants : l'analyse formelle des traits, des couleurs, du style général, le choix du thème et de ses particularités expressives, un recours prudent aux interprétations symboliques, nous apportent des éléments d'informations utiles. Surtout, on observera comment ce dessin prend place dans l'examen clinique et la manière dont l'enfant répond à l'invitation de dessiner, son comportement pendant le dessin, ses commentaires, ses explications. Le dessin libre figure souvent dans l'examen de l'enfant et enrichit notre séméiologie.

Le test du gribouillage du Français Robert Meurisse[17] s'inspire essentiellement des recherches graphologiques. On donne au sujet une feuille de format ordinaire que l'on fixe sur une planchette. On fait écrire au centre de la feuille le nom et le prénom en écriture ordinaire et on lui demande de faire un exercice bien simple qui consiste à partir d'un point situé juste au-dessus de ce qui vient d'être écrit et de tracer, sans s'arrêter, sans lever le crayon, un gribouillage à la manière d'un enfant. L'épreuve est terminée au bout d'une minute.

L'interprétation du résultat repose sur l'étude du comportement au cours de l'épreuve et sur l'analyse graphologique. On distinguera des tracés «aisés, libérés, continus, sans aucune gêne, très naturels» et des tracés lents, indécis, hésitants; les tracés de peu d'envergure, mal dessinés de sujets frustres et ceux abondants et construits de sujets évolués... On pourra aussi isoler des tracés marquant l'agressivité, la passivité, l'introversion, etc.

Les épreuves de *dessins sur thèmes* ont été multipliées (animal, paysage, automobile). On peut également suggérer la représentation d'une véritable scène : un homme avec quelque chose (Motte), un homme dans un bateau et un homme à cheval (Ricci), une femme assise de profil sur une chaise (Partridge). Ponzo propose, pour le test de Karen Machover, que l'on demande de dessiner ces figures comme si elles étaient idiotes, et obtient ainsi un dessin caricatural, libéré de toute inhibition. On peut demander également à l'enfant de dessiner des paysages complexes : le pays de cocagne, le fond de la mer, etc.

Toutes ces variantes entre les mains d'un praticien expérimenté apportent des renseignements utiles. Elles n'échappent pas aux limites que rencontre toute épreuve de dessin : la difficulté d'une validation objective et d'un système de mesure qui permettrait une véritable exploitation psychométrique de l'épreuve.

L'approfondissement de ces méthodes dépend de techniques voisines qui n'utilisent pas directement le dessin, comme l'étude du pouvoir expressif et symbolique des couleurs et celle de la motricité du geste graphique.

Le *symbolisme des couleurs* avait été étudié par Shaw à l'occasion de l'application d'une technique de peinture au doigt. Les auteurs japonais Obonai et Matsuoka ont cherché à valider par des données objectives les intuitions de Shaw et de ses disciples. Pour cela, ils disposent devant le sujet une carte constituée de 16 rectangles colorés diversement. L'examinateur énumère alors une liste de 41 mots qui évoquent de manière précise une impression affective (confiance en soi, honte, fatigue, etc.). Pour chaque mot, le sujet doit choisir une couleur. Un étalonnage permet d'établir le degré d'anomalie des réponses par rapport à des normes statistiquement déterminées. Certains écarts sont significatifs pour certains types de personnalité.

Le test *du choix des couleurs* de Luscher évalue les préférences d'un sujet et paraît révéler certaines variantes typologiques.

De même, le geste graphique peut être étudié en lui-même. Dans le *psychodiagnostic* de Mira y Lopez[18], on demande au sujet de tracer des traits déterminés (lignes droites, cercles, parallèles, etc.) sur une feuille disposée sur une table dont l'orientation varie (horizontale, verticale et sagittale) avec et sans contrôle de la vue. Ce test, non seulement, explorerait les aptitudes motrices pour l'exécution d'un dessin, mais également certains traits de la personnalité.

En fait, l'activité graphique, encore fort mal connue dans ses lois, appelle de nombreuses études tant dans le domaine de la motricité que dans celui de la personnalité, de l'organisation spatiale et dans les choix des formes et des couleurs. En cherchant trop vite à étalonner un test projectif basé sur le dessin, on risque d'utiliser des critères peu significatifs, fonction de préjugés ou d'illusion sur l'origine et la nature du geste graphique.

C. Dessin et psychopathologie

On sait peu de chose sur les rapports entre le dessin et les maladies mentales. Peu d'auteurs ont cherché à préciser s'il existait des particularités de styles propres à certaines anomalies psychiques.

L'arriération mentale a été le domaine le plus étudié. Cela s'explique pour deux raisons. D'une part, l'intérêt des pédagogues à dépister le plus facilement et le plus vite possible les retards intellectuels dans une population scolaire, d'autre part, le dessin se développant avec l'âge et la maturité de l'intelligence, il est facile de faire le diagnostic de retard intellectuel d'après les dessins. Mais les dessins d'enfants arriérés ne sont pas tout à fait comparables à ceux d'enfants plus jeunes normalement développés au point de vue intellectuel. De nombreux auteurs ont insisté sur la persistance des automatismes et sur l'abondance des stéréotypies, «bouche, bras, jambes, doigts sont indéfiniment reproduits chez le bonhomme, de même que les cheminées, les portes ou les fenêtres s'il s'agit d'une maison[19]». Chez les grands encéphalopathes comme chez les enfants mongoliens (étudiés par M. Schachter et S. Cotte), il existerait également une assez grande hétérogénéité dans les performances graphiques, rendant difficile l'estimation d'un niveau mental sur la foi de ces documents.

D'autres enfants, ceux atteints de troubles du langage, ont attiré également l'intérêt sur leurs dessins. Les dessins des sourds-muets ont été étudiés par Thiel (cité par R. Stora). Cet auteur allemand avait noté, en 1927, que le développement du dessin chez les sourds-muets était assez comparable à celui des enfants normaux, quoique les progrès y soient un peu plus lents. «Les sourds-muets s'avèrent supérieurs dans la perception des détails et dans leur présentation : leur observation est plus précise et les dessins de mémoire sont bons.» Quant à Renée Stora elle-même, à l'aide du test de l'arbre, elle met en évidence une certaine inaptitude du sourd-muet à passer du détail à la généralisation.

D'autres études ont cherché également les rapports qui pouvaient exister entre certains troubles du langage et le dessin. Rouma avait déjà observé certaines parentés entre les troubles du langage et ceux du dessin spontané. Head, pour sa part, en 1926, soulignait le rapport très net entre trouble du langage et anomalie du dessin chez les enfants aphasiques. Dans un domaine voisin, on s'est intéressé à certaines particularités du dessin, associées à la latéralité. Schachter[20] y a consacré une publication récente, rappelant d'ailleurs ses travaux de 1942 où il montrait que l'écriture en miroir, si banale chez l'enfant d'âge préscolaire au cours des premiers essais de copier les lettres et les chiffres, s'accompagne parfois de la faculté de dessiner en miroir. Des observations identiques ont été rapportées par d'autres auteurs. Il semble que ces particularités graphiques soient liées à des troubles de l'orientation spatiale.

Dans le domaine plus général des anomalies de l'affectivité et du caractère, on a cherché à mettre en évidence les signes d'anormalité dans l'expression graphique. Peu d'études systématiques nous apportent des documents précis. Les instables ont été peut-être mieux étudiés. En effet, l'instabilité psycho-motrice s'exprime facilement dans les dessins (S. Cotte et coll.).

Notre maître, le professeur Léon Michaux, en collaboration avec mesdames Gallot-Saulnier et Horinson[21], a montré qu'en faisant dessiner un village à des enfants instables, on observait un nombre de routes exagéré. En outre, celles-ci sont longues et curvilignes. Les auteurs proposent une interprétation symbolique de la fréquence et de l'importance de ces routes. «Il nous a paru possible d'interpréter le symbolisme de la route des instables comme un désir d'évasion... Elles nous semblent alors exprimer l'aspiration de l'instable à l'errance, sa soif d'horizons nouveaux, ce chant des sirènes qu'est pour lui l'appel de la route. Mais ces anomalies ne sont pas exclusivement statiques. Leur disparition quand l'instabilité s'atténue en fait le témoin d'une évolution régressive et peut être un test d'efficience thérapeutique.» Le dessin E recueilli au cours de la psychothérapie d'un garçon de onze ans présentant des troubles du comportement (tendance aux fugues sur un fond de grande instabilité) en est un exemple.

Essayons, à propos de quelques dessins, de voir les rapports possibles entre la pathologie et le style graphique. À l'opposé du dessin E, le dessin F apparaît comme assez typique d'enfant doté d'une personnalité obsessionnelle (stéréotypie, symétrie, froideur). Une autre catégorie d'enfants dont les dessins paraissent également assez expressifs sont les dessins des enfants psychotiques. Le dessin G est l'œuvre d'un enfant de neuf ans, schizophrène. On notera le caractère discordant, stéréotypé, bizarre de l'expression. Le dessin H est également le dessin d'un enfant schizophrène âgé de neuf ans. On y voit peut-être mieux que dans le dessin précédent la discordance entre certaines expressions abstraites et énigmatiques et certains traits graphiques du visage qui montrent une plus grande maturité.

Une autre catégorie présente des dessins intéressants, celle de certains enfants dotés de retard du langage. Certes, on sait que beaucoup de retards simples du langage ont une évolution tout à fait favorable et témoignent d'une personnalité normale. Mais, chez d'autres enfants qui, à l'âge de cinq ou six ans, ne parlent pratiquement pas et dont l'intelligence paraît cependant à peu près normale, on constate des anomalies du dessin très voisines de celles d'enfants schizophrènes. Le dessin I qui est celui d'une fillette de cinq ans d'un âge mental de quatre ans est à cet égard fort suspect. Faut-il voir là les signes d'une psychose infantile ou considérer que ces enfants présentent une atteinte assez élective des fonctions sémantiques. Il y a là un champ de psychopathologie infantile qui reste à explorer et où l'étude du dessin paraît très importante.

Mais il semble bien que seulement certaines catégories d'anomalies psychiques trouvent une expression significative dans le domaine graphique. Il n'y a rien d'étonnant après tout à ce que, dans bon nombre d'affections mentales, le dessin ne soit pas davantage troublé que la manière de parler ou le comportement gestuel.

II. DESSIN ET PSYCHOTHÉRAPIE

La place du dessin dans la pratique de la psychothérapie est l'origine d'importants malentendus. Le dessin est en effet souvent considéré comme l'agent thérapeutique, soit par son expression même, soit par les interprétations qu'on en donne et qui auraient un pouvoir résolutoire sur les troubles de l'enfant. Certes, nous verrons que l'expression par le dessin peut avoir des effets bénéfiques en soi-même, mais dans un cas comme dans l'autre, on méconnaît l'élément déterminant du champ psychothérapeutique : la relation entre le psychothérapeute et l'enfant. C'est cette relation qui crée une expérience nouvelle dans laquelle l'enfant mobilise des sentiments qui ont certains effets sur son équilibre psychologique. Toute psychothérapie se définit par elle, et on pourra même classer les différentes méthodes de psychothérapie selon le mode de relation qui s'établit et selon l'usage qui en est fait. Le dessin joue un rôle dans la mesure où il intervient dans l'établissement de cette relation, et nous voyons qu'il le fait de trois manières : 1° il peut être l'activité principale des séances, c'est-à-dire du temps où cette relation est constituée; 2° il est le mode de communication par lequel s'expriment les sentiments et toutes les représentations psychiques de l'enfant vis-à-vis du psychothérapeute; 3° il apporte un matériel formel d'un certain type dont le déchiffrage et la contemplation, voire la délectation qu'y trouve l'observateur, constituent des conduites nécessaires dans le cadre de cette relation.

Il est donc permis de dire que la psychothérapie par le dessin n'existe pas si on entend par là qu'il existe un type de relation interpersonnelle où les effets mêmes de cette relation ne jouent pas un rôle thérapeutique. Une telle situation ne peut, à notre avis, être observée. Il n'existe pas de situation thérapeutique dans laquelle la relation psychothérapeute-patient puisse être indifférente. C'est par elle, nécessairement, que passe l'effet thérapeutique. On peut imaginer qu'un enfant qui dessine pour lui-même trouve dans cette activité expressive solitaire le ressort pour une mutation psychologique que l'on peut appeler curative, mais admettre qu'elle puisse se dérouler devant un tiers, et surtout un adulte, sans que celui-ci intervienne par sa présence même, c'est aller à l'encontre de toute observation clinique. Inversement, l'expression par le dessin intervient dans la psychothérapie et l'ignorer serait l'équivalent d'une méconnaissance des lois de formation du rêve ou des lapsus. N'oublions pas que les premiers ouvrages psychanalytiques furent consacrés au rêve, à la psychopathologie de la vie quotidienne et au mot d'esprit, c'est-à-dire à ces productions de l'esprit qui interviennent dans la cure psychanalytique sans en constituer l'agent thérapeutique.

L'art de conduire une psychothérapie d'enfant ne consiste donc pas à savoir interpréter ses dessins, mais à saisir dans le comportement de l'enfant, et en partie (parfois en grande partie), à travers ses dessins, les traces de l'expérience vécue de la relation thérapeutique et d'en faire l'usage que l'on souhaite. Le dessin tient lieu ici de langue étrangère : nous avons besoin de la connaître pour pratiquer la psychothérapie, mais cela n'est pas suffisant. À la différence près que bien plus qu'une langue étrangère, la forme d'expression choisie influe sur l'expression même du matériel inconscient.

S'il faut donc bien considérer les différents types de relation thérapeutique, nous chercherons surtout à préciser la place qu'y occupe le dessin.

Très schématiquement, on peut considérer ici quatre types de relation thérapeutique : la psychothérapie de soutien ou de suggestion, la psychothérapie d'expression ou cathartique, la psychothérapie rationnelle et la psychothérapie psychanalytique. Nous en verrons d'abord les principes pour en discuter ultérieurement les indications.

1. Les méthodes

a) La *psychothérapie de soutien* ou de suggestion s'appuie sur la relation d'autorité établie entre le psychothérapeute et son patient. Il va de soi que cette autorité est ici librement consentie et s'appuie sur un sentiment d'affection; l'enfant voit dans le thérapeute un substitut d'une image parentale bienveillante.

Ce genre de psychothérapie trouve peu d'application chez l'enfant. Il est très proche, en effet, d'une bonne relation éducative et, en général, l'enfant la trouve ailleurs que dans un traitement. Si les relations éducatives ont échoué, on voit mal pourquoi une relation avec un médecin ou un psychologue qui s'établirait sur les mêmes bases aurait plus de chance de succès. Elle ne trouve son application qu'en cas de carence éducative. Dans de pareils cas, l'usage du dessin est d'un intérêt très relatif et souvent le médecin préfère s'entretenir avec l'enfant de ses problèmes concrets.

b) La *psychothérapie d'expression* ou cathartique s'appuie sur l'extériorisation par l'enfant de ses préoccupations, de ses soucis ou de ses désirs devant un adulte, avant tout attentif à le comprendre. C'est pour ce type de psychothérapie que le rôle du psychothérapeute a été souvent minimisé. On a prétendu que seul comptait le travail d'expression de l'enfant, l'adulte n'ayant ici qu'à jouer un rôle permissif. Mais ce rôle lui-même induit toute une relation. Car jouer un rôle permissif et stimulant, c'est manifester implicitement son intérêt pour la production de l'enfant. C'est se constituer comme le récepteur intéressé du message que l'enfant émet par son dessin. Le dessin est toujours dessin pour autrui, même si ce tiers est virtuel. Le mot d'esprit également s'adresse toujours à un tiers, et lorsque c'est devant nous-mêmes que nous le faisons, nous imaginons aussitôt la présence d'un tiers qui y trouverait son plaisir et serait le garant du nôtre. Pour l'enfant, s'exprimer librement, c'est-à-dire en enfant, avec des moyens d'enfant, avec les moyens privilégiés d'expression propres à son âge, devant un adulte, est un élément déterminant de cette psychothérapie d'expression.

c) La *psychothérapie rationnelle* s'appuie sur le même type de relation que la précédente : le dialogue d'un enfant qui s'exprime en enfant devant un adulte qui sait l'écouter de sa place d'adulte. Relation profondément non «pédagogique», non éducative, elle n'est pas non plus complaisance ou soumission envers l'enfant. L'adulte, ici, doit s'exprimer comme un adulte véritable, sans pour autant méconnaître qu'il s'adresse à un enfant et non à un embryon d'adulte à développer. À la différence de la méthode précédente, le travail thérapeutique porte non sur l'activité imaginaire de l'enfant, mais sur ses relations actuelles avec l'entourage. Dans la réalité psychique elle-même, il n'est pas possible de dissocier si facilement vie fantasmatique et adaptation aux réalités concrètes. Mais ici nous devons être surtout attentifs à l'adaptation de l'enfant à son monde actuel. Un tel travail s'appuie davantage sur la communication verbale que sur le dessin. Celui-ci n'intervient, chez le jeune enfant, que pour l'aider à formuler ses problèmes. Le dessin se prêtant surtout à l'expression de la vie fantasmatique, nous devons toujours être très prudents pour retenir comme un témoignage de son expérience actuelle et réelle une formulation par l'image.

d) Contrairement aux précédentes méthodes qui se fondent sur l'établissement d'un certain type de relation entre le thérapeute et l'enfant, la *psychanalyse* chez l'enfant comme chez l'adulte vise à l'analyse même de cette relation, comprise comme une pure projection de l'enfant, c'est-à-dire un transfert d'expériences passées sur la situation thérapeutique actuelle.

Cette dimension de transfert n'était pas absente des situations précédentes. Dans la relation d'autorité, elle était systématiquement exploitée, dans les deux autres, on cherchait à l'annuler en présentant à l'enfant l'image d'un adulte non directif, libéral, mais en réalité l'intérêt que nous portons à l'enfant et à ce qu'il exprime nous place encore dans un certain rôle de «parent idéal» qu'il serait vain de nier.

Au contraire, la tâche du psychanalyste est de ne donner aucun appui à toute concrétisation de son rôle dans une position figée. Le caractère frustrant d'une telle attitude résulte de cette non-réponse fondamentale à toute demande de l'enfant qui cherche à le situer dans un réseau de relations conformes à ses schèmes habituels d'investissements affectifs.

Il n'est pas étonnant, dans ces conditions, que l'enfant vive, à travers une expérience aussi dépourvue de cadre, ses expériences fantasmatiques les plus fondamentales. Discuter ici des problèmes spécifiques de la psychanalyse des enfants serait hors de propos. Cherchons du moins à y situer la place du dessin.

En offrant à l'enfant de s'exprimer par le dessin à l'égal de la parole, on l'expose à une activité régressive qui facilite l'apparition des phénomènes de transfert. La parole libre de l'adulte se dégage rapidement, dans la psychanalyse, du cadre des demandes et des raisonnements dans lequel elle est initialement prisonnière. Elle devient expression de la vie fantasmatique et par là source d'un plaisir psychique immédiat, et secondairement expression directe des conflits psychiques que l'irruption des désirs ne peut manquer de réactiver dans le cadre même de la situation transférentielle. Chez l'enfant, la parole se prête mal à une telle régression formelle. Elle est d'acquisition trop récente et d'une utilité trop grande dans l'établissement du dialogue avec l'adulte pour que l'enfant accepte, devant un adulte, de lui redonner cette fonction ludique, dont il ne se prive pas quand il est seul. Ce rôle défensif du langage, outil essentiel de sa maturation et de son identification à l'adulte, nous paraît beaucoup plus important à souligner que les insuffisances de son aptitude à le manier, pour expliquer la répugnance de l'enfant à livrer le langage à cette régression que la situation psychanalytique induit.

Le dessin lui paraît un mode d'expression beaucoup plus sûr. Il peut plus facilement l'exposer à cette activité régressive. Au début, il cherche surtout à faire de beaux dessins. Rapidement, l'enfant laisse passer à travers eux des témoignages beaucoup plus directs de sa vie fantasmatique, ils deviennent moins «jolis», plus libres, plus riches en signification. Des thèmes prévalents s'établissent dont la répétition marque suffisamment la fonction de compromis entre l'expression des pulsions et celle des défenses. Le dessin devient ainsi un mode de communication privilégié. Il pourra le rester tout au long de la cure. Dans d'autres cas, des activités de modelage ou de jeu s'y substituent. Parfois, enfin, chez les enfants de plus de dix ans, les défenses s'atténuant, on voit le dessin céder la place à nouveau à la communication verbale. Celle-ci, plus libre, plus directement expressive des associations de pensée de l'enfant, trouve sa fonction de communication analytique qui faisait initialement défaut.

Dans certains cas, c'est le dessin lui-même qui s'enferme dans une élaboration défensive, laissant peu de place à son interprétation. Les dessins deviennent «pauvres», inexpressifs, conventionnels, et constituent une défense particulièrement efficace.

La difficulté n'est pas ici dans le dessin lui-même, mais dans les résistances qui l'utilisent, elles posent des problèmes de technique psychanalytique délicate. Le dessin doit être toujours considéré comme mode de communication. Mais ce qui par lui se communique ne diffère pas radicalement de ce que nous observons dans toute situation psychanalytique.

2. Les indications

Il ne saurait non plus être question de discuter ici l'ensemble du problème des indications. Il faudrait pour cela entrer davantage dans les détails des méthodes et de la nosographie. Rappelons, pour l'essentiel, que l'indication d'une psychothérapie dépend autant de l'accessibilité du trouble à une approche psychologique que des dispositions familiales, de celles de l'enfant, et des nécessités de l'éducation. Nous nous limiterons à envisager trois problèmes particuliers : le choix du dessin comme mode d'expression; les réserves à faire sur la spécificité des méthodes de psychothérapie; la formation du psychothérapeute.

1° Le choix du dessin.

La principale raison de ce choix est simple : on propose à l'enfant de s'exprimer par le dessin quand on est fondé à penser que ce sera pour lui le mode d'expression le plus facile et le plus fécond. Il faut pour cela que ses aptitudes graphiques soient assez développées pour qu'il puisse avec facilité s'exprimer par l'image. Il faut aussi que l'expression plastique reste pour lui une source d'intérêt et de plaisir et qu'il aime encore transcrire sur le papier ce dont il rêve. Plus tôt, le dessin est un exercice pénible, le vocabulaire par l'image reste trop pauvre, les artifices expressifs trop restreints. Plus tard, le dessin devient conventionnel, privé de toute spontanéité, de toute originalité. L'âge de l'enfant joue donc un rôle déterminant. On peut dire que le dessin est particulièrement indiqué entre six et onze ans. Mais ces chiffres n'ont qu'une valeur indicative. Car chez des enfants de quatre ou cinq ans, intellectuellement doués, on pourra aisément se servir du dessin, et de même un garçon de onze ans très en avance pourra s'en désintéresser. Cette dernière remarque est d'ailleurs plus discutable, car si l'expression par le dessin dépend à l'origine des aptitudes intellectuelles et psychomotrices de l'enfant, son dépérissement à la prépuberté semble davantage lié à la maturation générale de la personnalité qu'à la précocité intellectuelle. Comme pour le jeu, on voit des enfants très intelligents de onze ou douze ans, en avance dans leur scolarité, s'exprimer avec beaucoup de spontanéité dans le dessin d'imagination.

Au cours de la psychothérapie, une évolution, régressive ou progressive, peut s'observer et l'enfant peut brusquement se désintéresser du dessin. Les enfants jeunes marqueront leur préférence pour le modelage ou les jeux avec des petits personnages, des poupées, l'eau, etc., tandis que, comme nous l'avons déjà signalé, des enfants plus âgés éprouveront souvent en fin de cure le besoin d'abandonner le dessin pour parler de leurs problèmes actuels, de leurs rêves et de leur vie imaginaire. Le choix du dessin comme matériel d'expression ne peut donc jamais être exclusif, le papier et le crayon doivent être proposés à l'enfant avec d'autres matériels (pâte à modeler, boîte de jeux) en soulignant bien qu'on lui demande avant tout de s'exprimer par la parole ou par un autre moyen s'il le désire. Ceci nous amène à mentionner le rôle que peuvent jouer les propres préférences des psychothérapeutes. Certains attachent au dessin un intérêt souvent excessif. Eux-mêmes se sentent plus à l'aise devant les images que devant le cours souvent rapide du jeu. Au cours du jeu, une intervention doit être formulée rapidement, faute de quoi l'occasion se perd et l'enfant suit un cours de pensée qui la rend désormais inopportune. Avec le dessin, le psychothérapeute s'imagine qu'il a davantage le temps d'interpréter le matériel exprimé. Si on se contente d'envisager le dessin une fois terminé, on peut penser que le temps mis par l'enfant pour l'exécuter nous permet de le comprendre à loisir et de préparer soigneusement notre intervention. Mais le dessin achevé n'est qu'une élaboration seconde par rapport à la séance. Celle-ci a été marquée par une activité créatrice qui s'est développée dans le temps, remaniée, modifiée par des pensées intercurrentes. Nous y avons déjà insisté à propos du rôle de l'inconscient. C'est souvent au cours de l'élaboration que l'interprétation est nécessaire, tenant compte de l'acte graphique qui se déroule devant nos yeux. Il faut donc choisir un mode d'expression non en raison de préférences personnelles mais en fonction des aptitudes de l'enfant.

La nature des troubles peut également influer sur le choix. C'est dans un cas de mutisme que Sophie Morgenstern a pratiqué pour la première fois une cure psychanalytique avec le dessin. Certains enfants très inhibés dans leur expression graphique trouvent dans le jeu, le psychodrame ou le modelage un langage beaucoup plus riche.

Enfin, le dessin peut être utilisé dans une psychothérapie de groupe, indiquée pour des raisons d'économie de temps ou pour des raisons plus techniques. Il s'agit alors soit de la juxtaposition de plusieurs dessins individuels, soit d'une élaboration collective qui prend toute sa signification d'être l'expression commune du groupe.

2° C'est d'une manière bien schématique que nous avons distingué différentes méthodes de psychothérapie. Entre la psychothérapie d'expression ou cathartique et la psychothérapie psychanalytique, la différence est grande en principe, difficile à préciser dans la pratique.

Sans doute, dans la psychothérapie d'expression, le psychothérapeute n'intervient pas, n'interprète aucun fantasme inconscient et aucun mécanisme défensif. Mais souvent, l'enfant que l'on fait dessiner, «sans intervenir», simplement pour lui permettre de s'exprimer, d'«abréagir» ses conflits, n'oublie pas la présence de l'adulte. Si celui-ci est quelque peu directif, la psychothérapie devient vite une thérapeutique d'occupation par le dessin et rentre dans le cadre des psychothérapies de soutien. Mais lorsque l'enfant dessine seul, si l'adulte se montre plus attentif à comprendre qu'à diriger et reste dans un silence prudent, des phénomènes transférentiels et un processus régressif risquent de se manifester, tant dans le comportement général de l'enfant que dans ses dessins. Le psychothérapeute aura beau «ne pas vouloir interpréter», il se trouve engagé dans une partie où, malgré lui, il doit intervenir dans un sens analytique en faisant prendre conscience à l'enfant de ce qu'il vit dans la relation thérapeutique, ou en adoptant une attitude plus directive. À partir du moment où l'on fait dessiner devant soi un enfant régulièrement, sans intervenir, on ne peut prévoir de quelle manière évoluera la relation affective de l'enfant à l'adulte et l'importance que prendront les processus régressifs et transférentiels. Il en est d'une intervention psychothérapeutique comme d'une intervention chirurgicale, on ne peut prévoir en fonction de sa propre compétence l'étendue et l'importance de l'action thérapeutique dans laquelle on se trouve engagé. Le problème de la formation du psychothérapeute se trouve ainsi posé.

3° Nous n'envisagerons pas ici le problème dans son ensemble mais, fidèle à notre propos, nous le discuterons en fonction du dessin et de son interprétation.

Il règne à cet égard une confusion fâcheuse, reflet de celle dénoncée plus haut. Apprendre à lire un dessin d'enfant et à l'interpréter ne constitue pas un mode de formation à la psychothérapie. La psychothérapie se fondant sur la relation du malade et du médecin, c'est l'étude de cette relation, de ses différents modes, de son évolution dans le temps, des avatars qu'elle rencontre qui importe avant tout. Cette étude implique une connaissance de la psychologie de l'enfant mais aussi un contrôle très sûr de ses propres réactions.

Si apprendre à interpréter le dessin d'enfant est un temps nécessaire dans la formation du psychothérapeute d'enfants, ce n'est jamais un temps suffisant. Il faut acquérir une connaissance approfondie de la relation médecin-malade et une grande aisance dans le maniement de cette relation. Ceci suppose une expérience «psychothérapeutique» personnelle, en pratique une psychanalyse. Le champ psychanalytique reste le cadre de références indispensable pour toute réflexion théorique sur les techniques psychothérapeutiques. L'expérience psychanalytique est, pour le futur psychothérapeute, l'occasion non seulement de s'assurer plus ou moins de ses propres implications «contre-transférentielles» dans les psychothérapies qu'il pratiquera, mais aussi le moyen de se donner ce cadre de références nécessaire.

Si on peut confier des psychothérapies cathartiques d'expression à des psychothérapeutes qui n'ont pas vécu une expérience psychanalytique personnelle, en raison de l'incertitude où nous sommes des évolutions possibles de ces psychothérapies, il est prudent de le faire dans une institution où ces psychothérapeutes pourront trouver auprès de psychothérapeutes plus expérimentés les garanties nécessaires pour mener à bien leur travail.

Sinon, si on souhaite s'en tenir à une psychothérapie d'expression, il faut se garder de prendre une attitude d'inspiration analytique et ne pas craindre d'adopter une attitude de soutien psychologique plus stimulante. Il sera possible de pratiquer ainsi une psychothérapie d'expression. On pourra même l'appliquer à des petits groupes d'enfants afin d'éviter les risques de régression auxquels expose une relation individuelle.

On voit que l'interprétation du dessin et son enseignement ne constituent qu'un élément secondaire dans ces problèmes de formation.

III. DESSIN ET PÉDAGOGIE

L'importance du dessin dans les activités spontanées de l'enfant ne pouvait laisser inattentifs les pédagogues. Mais il faut ici distinguer deux problèmes : l'usage du dessin dans les méthodes générales d'éducation et le rôle de l'éducation dans les progrès de l'activité graphique.

Dans le premier cas, le pédagogue utilise un champ d'activité particulièrement apprécié de l'enfant afin de développer ses aptitudes et ses connaissances générales, dans l'autre, son souci est de développer les aptitudes graphiques. Opposons donc pédagogie par le dessin et pédagogie du dessin.

La pédagogie par le dessin

Dans quelle mesure la pratique du dessin peut-elle aider le développement des aptitudes et l'acquisition des connaissances ? Problème qui rejoint celui de la pédagogie par le jeu et par l'improvisation dramatique.

Luquet, avec raison, émettait des réserves sur le principe de l'enseignement «attrayant» : «l'école, étant l'apprentissage de la vie, doit, selon nous, accoutumer l'enfant à cette idée qu'elle n'est pas plus que la vie un jeu perpétuel, qu'il faut savoir accepter sans autre compensation immédiate que la satisfaction de la tâche consciencieusement exécutée et de la difficulté vaincue, des besognes fastidieuses ou désagréables en elles-mêmes, mais avantageuses par leurs résultats et en particulier nécessaires pour acquérir certaines techniques ou, si l'on veut, routines utiles à l'existence de l'adulte». Faut-il alors admettre que ce rôle d'entraînement et d'exercice de la discipline étant suffisamment assuré par d'autres parties de l'enseignement, on peut abandonner sans scrupule l'enfant à l'attrait du dessin et considérer cette activité comme un domaine réservé où il peut satisfaire ses goûts conservateurs ou régressifs ?

Certes, par l'éducation et l'enseignement, nous cherchons à préparer l'enfant à ses tâches d'adulte, mais il n'est pas interdit d'exploiter pour cela certains modes d'activité privilégiés, même si nous savons que ces domaines perdent chez l'adulte leurs charmes premiers. L'enfant qui dessine ne croit pas se livrer à un divertissement gratuit. Nous avons suffisamment montré le rôle du dessin dans l'activité exploratoire de l'enfant et son pouvoir expressif pour ne pas insister sur l'intérêt de l'activité graphique pour l'aider à développer ses facultés d'observation et ses connaissances.

Une des tâches de l'enseignement, à tous les niveaux, est de développer le sens de l'observation et d'aider l'enfant à recueillir des connaissances nouvelles à partir des données, expérimentales, orales ou écrites qui lui sont présentées. Chez le petit enfant, le dessin peut y aider. Luquet lui-même en convient : «L'un des rôles universellement assignés, et à juste titre, à l'enseignement du dessin, est de développer le sens de l'observation. Il est certain qu'en faisant dessiner l'enfant, on attire son attention sur des motifs auxquels il ne se fût peut-être pas intéressé de lui-même...»

Le réalisme intellectuel est ici beaucoup plus utile que la soumission au point de vue «visuel» des choses, «puisqu'il consiste précisément à figurer dans le dessin tous les éléments de l'objet reproduit, chacun avec sa forme exemplaire, et qu'ainsi l'enfant effectue en quelque sorte spontanément la dissection de cet objet». Ce sont ses connaissances que l'enfant projette dans le dessin, ce sont elles qui lui servent à figurer la réalité. En ce sens, le dessin chez l'enfant est comparable au langage de l'adulte. Si je veux décrire un port de mer, je dois apprendre la disposition des quais, les noms et l'usage des bateaux, le sens des occupations auxquelles se livrent les personnages dont je parle. Bref, la description par les mots nécessite une documentation. L'écrivain ne procède pas autrement. Songeons à l'effort de documentation d'un Flaubert ou d'un Virgile.

L'enfant qui dessine rencontre le même problème. Là où le peintre et le dessinateur cherchent des effets visuels, des jeux d'ombres, des taches de couleur (pensons ici à ce que Proust nous dit du «travail» d'un Elstir peignant des navires accostés), le jeune dessinateur procède comme l'écrivain et non comme le peintre. Si des détails formels sont nécessaires, il cherchera à les comprendre et il les reproduira lorsqu'il en comprendra la nécessité. Bref, l'enfant, avant de développer ses aptitudes narratives et descriptives par les mots, trouve dans le dessin un moyen d'exprimer et de fixer ses découvertes. À l'école maternelle, le dessin servira d'illustration aux contes entendus, aux promenades faites. À l'école primaire, il permettra non seulement l'illustration mais l'expression des leçons de choses, des cours d'histoire naturelle et de géographie. Plus tard seulement, il cédera naturellement la place à la narration littéraire. Il aura servi à l'étayer. Il n'est pas sûr d'ailleurs que cette substitution doive être totale. L'utilité du schéma explicatif, du dessin narratif reste grande, même si elle est sous-estimée dans l'enseignement secondaire et supérieur. Elle s'insère alors dans le cadre de l'enseignement par l'image dont on parle tant aujourd'hui. Peut-on éduquer l'enfant au dessin d'observation ? L'enseignement académique va ici à l'opposé des buts recherchés. S'il s'agit d'aider l'enfant à découvrir les réalités, leur sens, leur fonction, il faut le laisser se heurter à ces réalités. L'enseignement académique apporte au contraire à l'enfant des recettes qui vont lui permettre de ne pas voir la réalité des objets mais d'acquérir des «trucs», des procédés qui le dispensent de regarder. Comme l'écrit Arno Stern[22], «le dessin d'observation doit donc être aussi librement pratiqué que toutes les techniques de l'éducation artistique». Nous ne serons pas aussi libéral que lui lorsqu'il déclare que l'éducateur ne doit pas imposer un sujet à l'observation de l'enfant : le rôle de l'éducateur est aussi d'orienter l'exploration de l'enfant, mais il est clair que celle-ci sera d'autant plus fructueuse qu'elle correspond à un besoin interne. En tout cas, l'éducateur doit laisser libre le jeune explorateur dans sa formulation graphique. Si l'enfant lui demande conseil ou se montre incapable de remplir sa tâche, l'éducateur doit l'aider à explorer plus attentivement l'objet, à se souvenir de détails expressifs qu'il néglige, mais non lui indiquer les formes utiles à cette expression.

On voit la parenté étroite entre le dessin d'observation et la rédaction littéraire. C'est l'expression graphique que l'éducateur doit encourager, comme il développe l'expression orale ou écrite. Il ne s'agit pas d'apprendre à l'enfant une rhétorique par l'image, pas plus qu'il ne s'agit de lui enseigner des clichés littéraires.

L'expression par l'image précède, induit et développe l'expression littéraire que doit développer avant tout l'enseignement fondamental. N'est-il pas permis de penser qu'une des raisons de l'indigence actuelle de l'expression littéraire chez les jeunes gens est due au développement de l'information passivement recueillie par l'image (et le texte) au détriment de l'expression active. Le développement du dessin d'expression, amorce de l'expression littéraire, trouve ici sa justification. Il va de soi qu'une telle pédagogie par le dessin préparerait la pédagogie par l'image, souhaitée par beaucoup. Celle-ci ne serait plus reçue passivement mais activement comprise : l'enfant qui dessine, c'est déjà l'enfant qui apprend à voir.

La pédagogie du dessin

L'enseignement du dessin pose un tout autre problème. Le style évolue avec l'âge et passe du griffonnage à l'imitation naïve et malhabile de l'«art» des adultes. Entre-temps, l'enfant découvre un mode d'expression qui lui convient et dont il tire de grandes satisfactions. L'adulte doit-il jouer un rôle dans cette évolution ? Au début, ce rôle est de toute façon fort modeste car le développement du dessin dépend avant tout des progrès moteurs et perceptifs et de la maturation intellectuelle de l'enfant. L'entourage peut stimuler ce développement : par son intérêt pour les productions de l'enfant, en acceptant de parler avec lui de ses dessins. Mais cette stimulation ne doit pas dépasser son but. Actuellement, beaucoup de parents et certains éducateurs, intéressés par le dessin, appellent anxieusement les progrès de l'enfant. Il convient de se garder de tout excès; on risquerait de voir se développer vis-à-vis du dessin des inhibitions analogues à celles que l'on rencontre dans l'apprentissage de la propreté, du langage ou de la lecture. Les conséquences en seraient apparemment moins graves, mais la marque sur l'affectivité et le caractère, néfaste. On observe des évolutions de ce genre dans certaines familles où l'aîné, ayant acquis une réputation de dessinateur doué, le cadet ou la cadette se désintéresse ouvertement de ce domaine où la compétition lui paraît défavorable.

Au stade du réalisme intellectuel, c'est-à-dire dans la phase «classique» du dessin d'enfant, doit-on aider l'enfant à développer le réalisme visuel ? Déjà, Luquet se montrait réticent. Ce qui ne l'empêchait pas d'établir les bases d'une telle pédagogie.

L'enseignement traditionnel du dessin ne se préoccupe guère d'un travail critique. On laisse l'enfant dessiner comme il l'entend. On se contente de lui enseigner petit à petit une technique nouvelle qui ne correspond chez l'enfant à aucun besoin. On lui apprend le latin alors qu'il parle français ! Luquet envisage une méthode où on apprendrait à l'enfant à critiquer son style : on commettrait intentionnellement les mêmes fautes que l'enfant pour les corriger ensuite. «En somme, le professeur devra se mettre d'abord à la place de l'enfant, puis devenir, sous ses yeux, adulte, pour l'amener à le devenir avec lui.» Sans même critiquer les principes d'une telle pédagogie, remarquons que Luquet n'est guère convaincu de son utilité. Il ne voit pas la nécessité d'encourager l'abandon du réalisme intellectuel qui peut être utile pour la spontanéité plastique de l'adulte.

Le véritable problème pédagogique se pose plus tard. Nous savons que l'enfant, spontanément, se désintéresse du dessin vers l'âge de douze ans. Doit-on accepter cette désaffection comme une phase nécessaire et se contenter de fournir un enseignement «académique» dont tireront profit ceux qui, plus tard, deviendront de véritables artistes ? S'agit-il alors d'apporter à l'enfant des procédés techniques pour lui permettre de prendre goût au «réalisme visuel», comme le recommande Luquet ?

L'enfant se désintéresse du dessin non par faute de moyens, mais parce que, dans sa recherche de l'expression, il trouve des activités plus conformes à ses besoins. L'«art enfantin» répondant avant tout au souci de signifier, l'image cède la place au mot et à l'action. Mais est-on sûr que, sous-jacent à ce besoin de signifier, il n'existerait pas un véritable «art» enfantin, implicite à son activité créatrice plastique ? Le problème de l'éducation du dessin se confond avec celui de l'art enfantin.

Il ne peut être question ici d'entreprendre une réflexion approfondie sur l'origine de la création artistique dans la psychologie de l'enfant. Contentons-nous donc d'apporter quelques réflexions et nous nous aiderons pour cela des travaux d'Arno Stern et de ses collaborateurs ainsi que des auteurs qui, avec lui, ont publié sous forme de petits ouvrages denses et documentés des remarques originales dans la collection Technique de l'éducation artistique (Delachaux et Niestlé).

Une observation préliminaire est nécessaire. La réaction artistique trouve naturellement sa source dans les productions artistiques de l'époque. Malraux a bien insisté sur ce point : «Selon les biographies légendaires, Cimabue admire Giotto, berger qui dessine des moutons; selon les biographies véridiques, ce ne sont pas les moutons qui donnent à Giotto l'amour de la peinture, ce sont précisément les tableaux de Cimabue. Ce qui fait l'artiste, c'est d'avoir été dans l'adolescence plus profondément atteint par la découverte des œuvres d'art que par celle des choses qu'elles représentent, et peut-être celle des choses tout court.»

Si les germes de ce pouvoir créateur s'observent chez l'enfant, il est clair qu'ils ne doivent rien à ce monde ambiant de la culture. Il faut donc admettre qu'à côté d'une transmission héréditaire, une sorte de génération spontanée offre à chaque enfant les moyens de refaire pour son compte la démarche créatrice.

La théorie du primitivisme de l'art enfantin eut, on le sait, une brillante histoire, mais nous avons vu qu'elle s'appuie sur une conception erronée de la notion de primitivisme. Elle vient d'être reprise sous une forme nouvelle dans le petit ouvrage de Jacques Depouilly[23]. Dans ce livre, le primitivisme caractérise la démarche de tout artiste reprenant à son compte la création picturale indépendamment de toute tradition culturelle. Les analogies sont donc à trouver entre les enfants et ces artistes qui, à différents moments de l'histoire, semblent avoir retrouvé un style propre dans un climat de relatif isolement. Ainsi, on peut retrouver dans l'art pariétal, chez les mosaïstes de Ravenne, sur les enluminures médiévales, chez les naïfs de toute époque et peut-être à l'origine de l'art chez les Égyptiens, des artifices de reproduction qui sont usuels chez l'enfant. Ce qui les rapprocherait, c'est l'absence de tradition, de métier : «Cette vision est essentiellement celle d'un être disponible qui, au lieu d'être esclave des choses et d'être obligé de les dépasser pour s'en libérer, les accueille, les laisse vivre en lui et les restitue dans son œuvre en les recréant d'emblée à son image. Aussi ne faut-il pas s'étonner si, dans certains cas, seul l'élément significatif d'un personnage, d'un animal ou d'un objet a été retenu et si la disposition et les dimensions des figures correspondent surtout à l'importance affective qui leur est accordée.»

En somme, le réalisme intellectuel, conséquence d'un souci narratif, relève avant tout du fait que la réalisation de l'image dépend plus de notre effort pour percevoir le modèle que de l'apprentissage d'un métier. Il ne sera donc pas étonnant que nous retrouvions les procédés de composition de l'enfant chez le Douanier Rousseau, la technique du rabattement sur des papyrus égyptiens ou des plans médiévaux; les représentations en transparence sur des bas-reliefs ou des peintures égyptiennes.

La démonstration est éloquente mais l'explication discutable. Les rapports entre l'art enfantin et les arts «archaïques» dépendent, pensons-nous, de la prédominance accordée dans les deux cas au souci narratif aux dépens d'une recherche spécifiquement plastique. Pas plus vraisemblablement que le graveur égyptien, le miniaturiste médiéval, le naïf moderne, l'enfant ne cherche d'abord à «faire beau». Il cherche avant tout à signifier. Ce n'est pas d'ailleurs que l'artiste baroque ou classique oublie ce souci expressif : le jeu des formes, les harmonies de valeurs et de couleurs, l'adoption d'un point de vue unique pour la représentation de l'objet ne sont pas recherchés pour eux-mêmes, ils deviennent des éléments significatifs. Mais il s'agit là d'une langue apprise qui tire son pouvoir expressif de son histoire même. C'est faute de pouvoir entendre ce langage de la culture que l'enfant utilise les procédés narratifs que l'on connaît.

Mais les conclusions de Depouilly gardent toute leur valeur. Avec une pratique suffisante, l'enfant, vers douze ans, pourrait faire un bon peintre naïf ou un bon artisan enlumineur.

«La crise pubertaire, écrit l'auteur, tend à détourner plus ou moins l'enfant de la naïveté, le poussant ainsi, au contraire, à remettre en question son comportement vis-à-vis de la technique.»

L'enfant ne s'intéresse à la matière qu'il utilise que dans la mesure où elle lui permet de tracer des signes, l'adolescent, au contraire, retrouverait le goût de la matière. Cette observation est du plus haut intérêt, mais appelle toutefois deux remarques. Si l'adolescent s'intéresse davantage à la matière, comme le petit enfant, c'est peut-être parce qu'il se désintéresse de l'image en tant que signe. Ce dépérissement de la fonction du dessin, que nous avons si souvent soulignée, explique que, face aux matériaux propres à l'expression plastique, l'adolescent retrouve le goût désintéressé de la forme ou de la tache que le petit enfant a perdu quand il a découvert le pouvoir significatif de l'image. Notre deuxième remarque est que ces observations sont rendues possibles grâce aux moyens que nous mettons à la disposition des enfants. Il est amusant de constater que les peintres de la Renaissance qui confiaient à leurs petits apprentis de dix à quatorze ans le soin de préparer les couleurs assuraient peut-être ainsi une meilleure pédagogie de l'art que nos écoles de dessin académique qui enseignent aux enfants des recettes pour figurer les choses à un âge où ils n'en ont plus le goût.

Mais nous retrouvons notre question initiale : existe-t-il dès l'origine un germe de la création plastique ? Nous venons de voir qu'il ne faut pas le chercher dans le souci narratif, fonction spécifique du dessin chez l'enfant et qui nous a permis de le comparer avec certaines formes «primitives» de l'art. Allons-nous le retrouver dans ce goût de la matière, commune au petit enfant et à l'adolescent ? En fait, ce que l'on appelle une valeur plastique ne dépend pas de la matière elle-même mais de la trace qu'elle dépose dans l'espace conventionnel réalisé par le support (papier, toile, mur, etc.). L'art, figuratif ou non, repose sur l'agencement de ces valeurs qui créent un véritable langage. Ces signes plastiques existent-ils dans le dessin d'enfant ? Certains ont voulu, sinon le nier, du moins considérer leur présence comme purement fortuite.

Pour Arno Stern, au contraire, les valeurs plastiques seraient dès l'origine intuitivement recherchées par l'enfant : «L'art enfantin est fait d'images, mais elles ne sont pas l'essentiel, même si l'intérêt de l'enfant ne porte que sur elles.» La formulation plastique provient d'une tension émotive beaucoup plus primitive. Analogue au cri, au geste impulsif, la tache de couleur, le trait vigoureux que l'enfant dépose sur le papier auraient un pouvoir libérateur. Nous aurions ici la motivation fondamentale de l'expression plastique, racine de l'art pour l'enfant comme pour l'adulte. Comme l'artiste, l'enfant va établir un compromis entre cette formulation plastique et son besoin de figuration. Pour l'auteur, cette figuration n'est qu'une rationalisation établie après coup pour justifier l'expression plastique : il travestirait son jeu créateur grâce à un réservoir d'images.

D'où proviennent les signes plastiques dont l'image n'est que l'«habillage figuratif» ? Le signe plastique serait la transposition d'une sensation interne. Si je veux représenter un objet, un oiseau par exemple, je peux tracer les signes motivés par son apparence : ce sera l'image visuelle, objective. Si, au contraire, je cherche à m'identifier à l'oiseau, à ressentir en moi-même ce qu'exprime l'oiseau, c'est la figuration du vol qui sera représentée dans mon propre schéma corporel. Le signe plastique correspond à cette figuration d'une sensation spatiale. Dans cette démonstration, Arno Stern paraît contredire ce que nous savons du signe plastique, en mettant peut-être un peu trop l'accent sur sa valeur nominale, car représenter l'oiseau par deux lignes courbes reliées l'une à l'autre n'est pas inventer un signe plastique pour donner l'image de l'oiseau, c'est utiliser un signe plastique dans un sens conventionnel. Le signe plastique (tache jaune, spirale, contraste de valeurs) ne vise en soi aucune représentation. Si, parfois, dans son souci réaliste, l'enfant utilise certains signes plastiques, les lois du réalisme enfantin nous paraissent, répétons-le, dépendre avant tout de son souci narratif. L'usage des couleurs pures est sans doute chez l'enfant goût électif pour un certain langage des couleurs, mais il l'utilise dans un souci de clarté narrative. On peut penser que le goût pour une expression plastique pure trouve son origine dans les premières créations plastiques de l'enfant. Mais il le subordonne progressivement à son désir de signifier par l'image. Aussi rejoignons-nous tout à fait Arno Stern lorsqu'il écrit que les dessins et tableaux spontanés des enfants sont narratifs et descriptifs, retraçant des souvenirs visuels par opposition à la création de formes émotionnellement chargées. On conçoit que lorsque ce souci narratif et expressif aura trouvé d'autres formes d'expression, la création plastique sera devenue sans objet. Ainsi, l'éducation artistique chez l'enfant ne consiste pas à développer le caractère «enfantin» de ses dessins et son pouvoir de signifier par l'image, mais de profiter de ce goût de l'image pour développer une disposition présente dès l'origine et jamais disparue : le sens du langage plastique. Faute de le développer, il se tarit avec le goût de la représentation par l'image. «L'adulte, coupé du langage plastique primaire, n'ayant pas fait évoluer à la mesure de sa maturation générale les moyens d'expression — son langage plastique — se trouve paralysé devant la feuille blanche comme un acteur qui ne sait pas son rôle.»

Le but de l'éducation artistique ainsi conçue est bien d'établir un pont entre l'époque de l'enfance, où tout est possible, et l'âge adulte.

Pour cela, il faudra aider l'enfant à développer spontanément son langage plastique et c'est souvent après une certaine période où l'enfant subordonne la création des formes à l'image qu'il met la figuration au service de l'expression : «Tout tend à cette intensification des moyens expressifs, à un déplacement des valeurs : de l'anecdote et du jeu vers la formulation. L'inexprimable par le langage verbal trouve ici son écriture. Progressivement, l'enfant dépouille son art des valeurs communes pour en faire, de plus en plus intensément, son moyen d'expression personnel.»

Le rôle de l'éducateur est de susciter l'expression de ce langage plastique. Il le fera non par des conseils ou des règles, mais en créant une ambiance propice à cette libération de la forme aux dépens du signe. Il semble qu'à travers une attitude libérale mais encourageante «passe» surtout son propre goût de l'expression plastique, alors que souvent les adultes sont surtout sensibles dans le dessin d'enfant au charme des images et à leur pouvoir narratif.

Surtout intervient le cadre même de l'atelier. Comme l'écrit Stern, «les aménagements matériels de ce lieu sont, au départ, provocateurs et activants. La facilité des moyens techniques favorise l'envie de créer».

L'éducateur permet à l'enfant de profiter des matériaux qui sont mis à sa disposition et qui stimulent son goût pour la matière même de la peinture et du dessin. Il joue ainsi le rôle d'un conseiller technique. Veillant à l'ordre, à l'usage correct des outils, il libère l'enfant de tous les inconvénients que sa maladresse occasionne et lui permet de se livrer plus librement à la joie de créer.

Quant aux modalités mêmes de l'expression, elles peuvent être fort variées, allant de la peinture au dessin, de la gravure à la sculpture et aux papiers collés. On ne peut ici, pour toutes les précisions techniques, que renvoyer aux ouvrages spécialisés de la collection citée[24].

Ainsi, l'éducation artistique ne vise ni à préserver et prolonger le dessin enfantin, ni à fabriquer des artistes «abstraits» ou «naïfs». Elle cherche à développer des virtualités qui sans cela risqueraient de s'éteindre avec le goût du dessin. Le langage plastique greffé sur le langage par l'image peut ainsi suivre son chemin chez l'adolescent. Elle ne le mène pas nécessairement vers le métier d'artiste, mais lui apporte un moyen d'expression artistique à un âge où l'être humain en a particulièrement besoin. De médiocres poètes de quinze ans pourraient ainsi se découvrir des jeunes peintres ou dessinateurs, sans métier peut-être, mais vigoureux et spontanés. «Ainsi conçue, écrit Depouilly, l'éducation artistique ne part nullement du principe de susciter des vocations d'artistes. Peut-être même est-ce ceux qui sont appelés à le devenir qui en ont le moins besoin, puisqu'ils possèdent hautement et risquent donc moins de perdre cet instinct créateur primitif...»

Il est évident qu'une véritable formation artistique supposerait que l'enfant et l'adolescent soient ouverts plus largement, non seulement à la culture de leur temps mais à l'histoire dont elle procède. Mais il va de soi qu'ils y seront d'autant mieux préparés qu'ils connaîtront eux-mêmes les joies de la création avant d'en retrouver les traces dans les œuvres des maîtres.

*
* *

On ne peut donc pas considérer uniquement le dessin d'enfant comme un langage par l'image.

Il est avant tout la trace que laisse, derrière soi, le geste graphique : à mesure que se poursuivent le développement psychomoteur et les progrès dans l'organisation perceptive de l'espace, nous voyons cette trace évoluer et caractériser divers styles successifs de dessins.

Mais la trace matérielle s'inscrit dans un espace graphique qu'elle contribue à organiser. Ainsi se crée le langage plastique qui repose sur les seules valeurs formelles (lignes, couleurs, ombres). C'est à proprement parler le langage de l'art. On peut chercher à préciser comment s'ordonnent ces éléments signifiants qui ne correspondent pas à des significations particulières mais font appel en nous à des sentiments et à des représentations mentales complexes.

Rosolato, Wiart et Volmat ont étudié[25] les mécanismes qui permettent la contemplation de l'œuvre peinte. Il s'agit en somme de définir et de décrire ce qui rend possible la lisibilité du tableau. Tâche difficile si nous nous rappelons que «l'art ne se réduit pas à un système de signification». Une telle explication ne pourrait rendre compte du plaisir esthétique luimême. En s'appuyant davantage sur l'étude de la lecture de l'œuvre que sur les données matérielles, les auteurs ont proposé une classification des productions picturales qui s'appuie sur une véritable sémiologie de la contemplation esthétique. On peut ainsi établir une catégorisation objective des œuvres, ce qui a un très grand intérêt pour l'étude de la production plastique de certains malades mentaux.

Pour le dessin d'enfant, le problème est autre. La signification plastique est ici masquée par une intention seconde : celle qui utilise l'image comme un *langage*. L'enfant veut raconter et décrire par son dessin et renonce pour cela à chercher sa satisfaction dans l'accomplissement du geste graphique, dans la contemplation de la matière qu'il étale et de la forme qu'il produit. Toute interprétation du dessin d'enfant nécessite donc que soient connues les lois qui régissent l'organisation de ce système de signes représentatifs et la catégorisation de ces signes.

Il faut connaître cette sémiologie pour étudier les rapports qu'elle entretient avec les différents niveaux d'activité mentale qui s'expriment dans le dessin. C'est en établissant, sur des bases aussi objectives que possible, une telle sémiologie que l'on progressera dans l'interprétation.

Mais le dessin n'est jamais une activité isolée. Comme toute communication, elle s'inscrit dans un contexte : celui de la relation entre l'enfant qui dessine et son public. Une interprétation valable ne peut faire abstraction de ce contexte. Il n'y a pas d'interprétation du dessin qui ne doive s'inscrire dans un champ psychologique déterminé. Sa connaissance est tout aussi nécessaire que celle des signes graphiques à qui veut apprendre à lire un dessin d'enfant.

NOTE DE L'AUTEUR

Les dessins qui figurent dans cet ouvrage ont pour seule fin d'illustrer les observations du texte.

On trouvera dans celui-ci, à l'endroit où la référence est indiquée, les commentaires nécessaires à leur compréhension.

NOTES

[1] G. Heuyer, S. Lebovici et N. Angoulvent, Le test de Lauretta Bender, *Enfance*, n° 4, septembre-octobre 1949, p. 289, 305.
[2] M. Prudhommeau, *Le dessin de l'enfant*, PUF, 1947.
[3] Georges Rouma, *Le langage graphique de l'enfant*, Bruxelles, 1912.
[4] Jacques Thomazi, *Le bonhomme et l'enfant*, Éditions Coquemard, Angoulême, 1962.
[5] René Zazzo, Le geste graphique et la structuration de l'espace, *Enfance*, n° 6, octobre 1950, p. 189-204.
[6] Florence Goodenough, *Measurement of intelligence by drawings*, New York, 1926. Trad. franç. (Cesselin) : *L'intelligence d'après le dessin – Le test du bonhomme*, PUF, 1957, 132 pages.
[7] Pierre-Gilles Weil, Le test de dessin d'un bonhomme comme contrôle périodique simple et rapide de la croissance mentale, *Enfance*, octobre 1950, p. 226-243.
[8] V. Fontes, Interprétation psychologique du dessin anthropomorphique infantile, spécialement observé chez les oligophrènes, *Sauvegarde de l'enfance*, juin 1950, p. 403-435.
[9] André Rey, Epreuves du dessin témoin du développement mental, *Arch. Psychol.*, n°s 124-131, 369-380, 1946.
[10] Ada Abraham, *Le dessin d'une personne. Le test de Machover*, Delachaux et Niestlé, 1963.
[11] F. Minkowska, Fusswerk et Horinson, *L'affinité entre le test de la maison et le test du bonhomme sur le plan ethnique de la typologie constitutionnelle et de la psychopathologie*, Congrès des Médecins et Aliénistes de langue française, Niort, 1947, *Le test de la maison chez les enfants appartenant aux différents groupes ethniques*, Communication au Congrès des Médecins et Aliénistes de langue française, Marseille, 1948.
[12] Karl Koch, *Le test de l'arbre. Le diagnostic psychologique par le dessin de l'arbre*, trad. franç. (Vitte), Paris, Lyon, 1958.
[13] Renée Stora, L'arbre de Koch, *Enfance*, n° 4, 327.44, 1948.
[14] Renée Stora, Le dessin de l'arbre, *Bulletin de Psychologie*, 225, XVII, 2-7, 30 novembre 1963, 253-265.
[15] Cain et Gomilla, Le dessin de la famille chez l'enfant. Critères de classification, *Annales Méd. Psychol.*, 1953, n° 4, p. 502-506.
[16] L. Corman, *Le test du dessin de famille dans la pratique médico-pédagogique*, PUF, 1964.
[17] Robert Meurisse, Le test du gribouillage, *Conn. de l'Homme*, 18-45, 1956.
[18] Mira y Lopez, Etude sur la validité du test psychodiagnostique myokinétique, *Année Psychologique*, 575, 1950.
[19] Mesdemoiselles S. Cotte, G. Roux et M.A. Aureille, *Utilisation du dessin comme test psychologique chez les enfants*, Comité de l'Enfance déficiente, 1951.
[20] M. Schachter, Ecriture en miroir et dessin renversé chez l'enfant, *Acta Pedopsychiatrica*, Schwabe Éditeur, Bâle, vol. 30, fasc. 6-7-1963, p. 226-231.
[21] Léon Michaux, Mesdames Gallot-Saulnier et S. Horinson, Les routes dans les dessins des instables, *Revue de Neuropsychiatrie infantile*, juillet-août 1957, n° 7-8.
[22] Arno Stern, *Du dessin spontané aux techniques graphiques*, Delachaux et Niestlé, Neuchâtel, 1958.
[23] Jacques Depouilly, *Enfants et primitifs*, Delachaux et Niestlé, Neuchâtel, 1964.
[24] Arno Stern, *Aspects et technique de la peinture d'enfants*, Delachaux et Niestlé, Neuchâtel, 1959; Arno Stern, *Le langage plastique*, Delachaux et Niestlé, Neuchâtel, 1963; Arno Stern et Pierre Duquet, *Du dessin spontané aux techniques graphiques*, Delachaux et Niestlé, Neuchâtel, 1964.
[25] G. Rosolato, C. Wiart et R. Volmat, Technique d'analyse picturale. Méthode, catégorisation et première étude statistique, *Annales Médico-psychologiques*, 118e année, t. 11, juin 1960, p. 27-56.

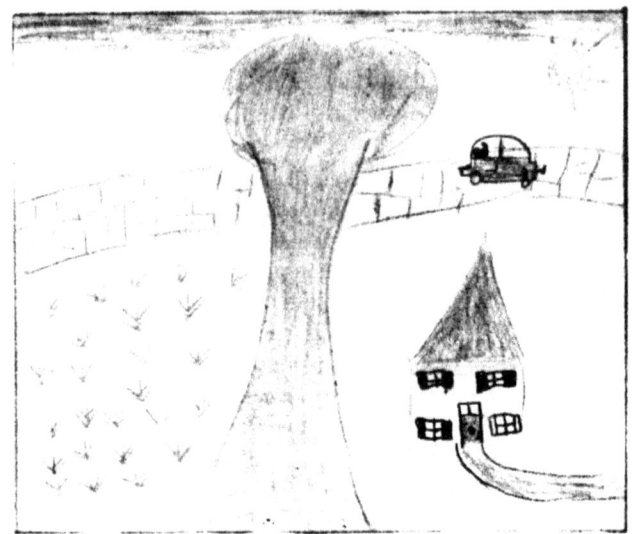

Dessin A

Dessin B

LES APPLICATIONS PRATIQUES 167

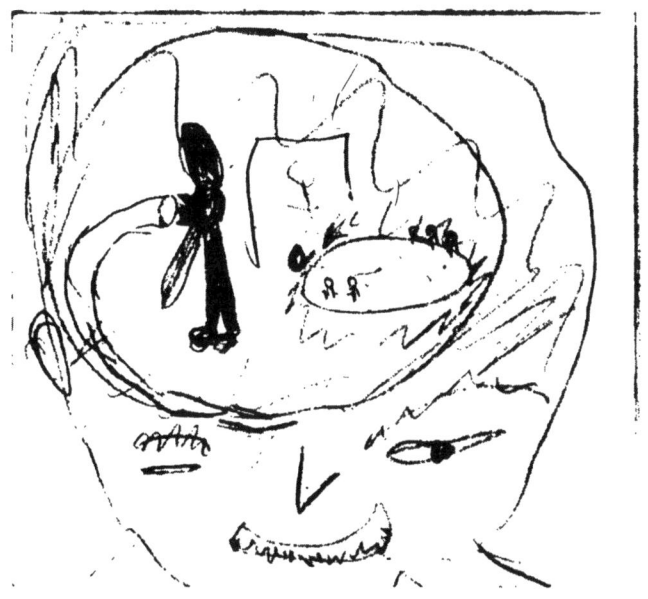

Dessin C

Dessin D

LES APPLICATIONS PRATIQUES 169

Dessin E

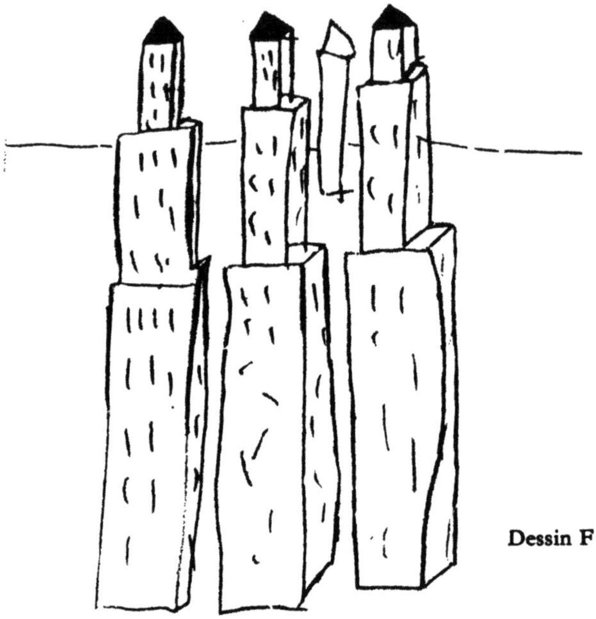

Dessin F

Dessin G

LES APPLICATIONS PRATIQUES   171

Dessin H

LES APPLICATIONS PRATIQUES 173

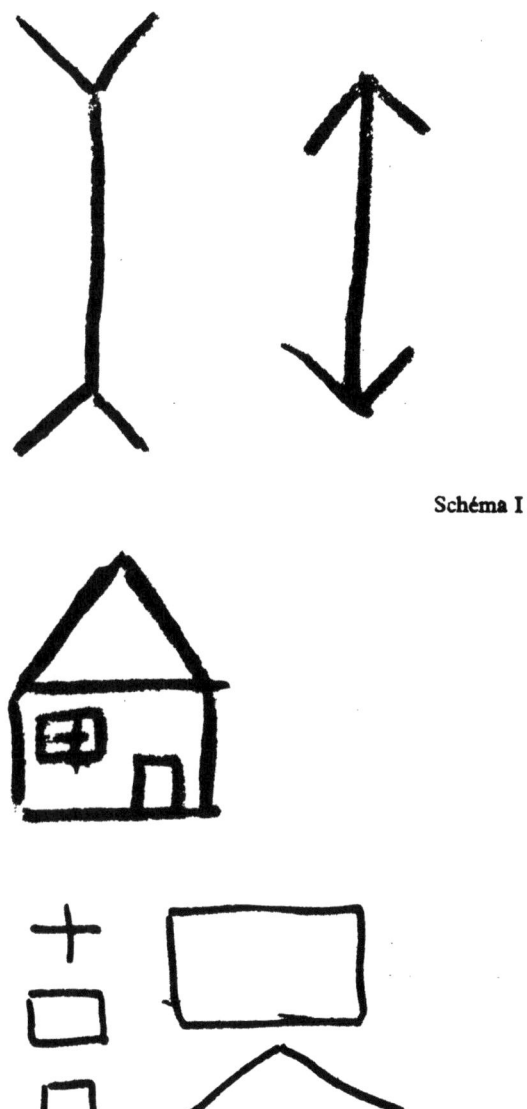

Schéma I

Schéma II

Table des matières

Introduction	5
Chapitre 1 **Style et évolution du dessin**	15
Le style des dessins	15
L'évolution du dessin	20
Le début de l'expression graphique	21
Le stade du gribouillage	24
Les débuts de l'intention représentative	28
De l'intention représentative accidentelle au réalisme intellectuel	32
Le stade du réalisme enfantin : le réalisme intellectuel	34
L'évolution vers le réalisme visuel	38
Chapitre 2 **De l'image aux signes**	41
Dessin et perception	41
Dessin et écriture	51
Chapitre 3 **Dessin et personnalité**	71
La valeur expressive du dessin	73
La valeur projective	79
La valeur narrative	83

Chapitre 4
Dessin et inconscient 89

Le processus psychique inconscient 94

Dessin et fantasme 104

Dessin, rêve et mot d'esprit 110

Chapitre 5
Les applications pratiques 121

I. Les applications psychologiques 122

A. *Les tests de dessin et l'étude de la maturation intellectuelle* 122
   a) Les tests de dessins géométriques 122
   b) Les tests de dessin figuratif 124
      L'échelle de Goodenough - L'échelle de Wintsch - Le test de Fay -
      Le dessin d'après nature
   c) Les épreuves mixtes - La feuille d'examen de Prudhommeau 131

B. *Les épreuves de dessin et l'étude de la personnalité* 133
   Le test de l'arbre - Le dessin de la famille

C. *Dessin et psychopathologie* 144

II. Dessin et psychothérapie 146

I. *Les méthodes* 148
   a) La psychothérapie de soutien 148
   b) La psychothérapie d'expression 148
   c) La psychothérapie rationnelle 148
   d) La psychothérapie psychanalytique 149

II. *Les indications* 150

III. Dessin et pédagogie 154

La pédagogie par le dessin 154
La pédagogie du dessin 157